100張圖學會
股市必備入門

方天龍／著

作者序　PREFACE
學做股票，方向對，路就不遠！

　　這本書可說是為了因應新手的需求而寫。為了感謝粉絲的熱愛，我在7年前開始，就決定為越來越多的讀者建立一個售後服務的LINE群組──【天龍特攻隊】，以便快速回覆粉絲眾多的問題。從此，我的生活就更加忙碌了。我在從不接受採訪、也不接受上電視的邀請下，仍低調地累積了四個群組，分別為第一群、第二群、第三群、第五群，（每群限制500人，沒有第四群）。在我的「實名制」粉絲名冊內，也有近2500名的個資。這是我最想優先照顧的讀者群。

　　這個【天龍特攻隊】的優質群組，不報明牌、不帶進帶出，不集資炒作，不代操，不做任何犯法的事，因而聚集了非常多在社會上擁有極高身分地位的人，迄今都沒有離開。我們的團隊素質極高，共有18位博士（有12位博士、6位準博士），數百位碩士，還有1位台大醫師、4位有執照分析師、3位有執照的理財師、兩、三位作家、1位資深歌手，多位高階企業經理，還有台積電、台達電、日月光、智邦、友達等主管，上市公司副總、財務主管、大學生、上班族、小資男女、打工族、各行各業老闆，還有檢調警、國稅局等單位的朋友。大家都相處得很好。

　　在加入【天龍特攻隊】群組時，我審核非常嚴格，寧缺勿濫。進群組的人都很有誠意的自我介紹。新朋友還必須傳來與臉書不同格式的生活照，甚至會用電話驗證。詐騙集團想要冒名滲透進來，自然知難而退。即使是野心家混進來，早晚也會因「人品不佳」被我踢出去。優質群組最大的好處，就是志同道合，可直接討論股票思維和分享操作經驗。群組裡有不少新手，七年來已慢慢變成高手了。新手若

有股票問題,他們也可以在群組公開幫忙解答。這樣時效性就更強大了。回想在未成立群組之前,我都是一封一封的回覆讀者的信,既繁瑣又費時。經常一個星期假日我就從早上回信到傍晚,至少7、8小時,想起來還真有一股傻勁!現在有了LINE群組,粉絲有什麼困擾,我可以「亦師亦友」,及時處理,實在有效多了。

看得懂的書,才有能力自修

　　我個人寫作已有30年經驗,出版過的著作也有近百本,曾在傳記、勵志、健康等各類著作都有暢銷書出版。等我離開報社、專事寫作時,實體書店已經式微、網路免費資源興盛。我只能從事財經專業書籍的寫作。由於我是以「文青」活潑輕快的筆法,去表達艱澀難懂的財經論述,自然淺顯易懂、備受歡迎。說實話,有些幼稚的股友,喜歡PO出國際大師的著作封面以炫耀自己擁有該書,他其實並未細讀——原因是根本看不懂。而我的書,則常常被讀者來信稱「驚為天人」、「相見恨晚」、「如獲至寶」、「有如在看連續劇一樣精彩」。其實過獎了,只不過是讀者看得懂、學得會、有實際受惠的驚喜而已。

　　儘管如此,仍有很多粉絲在到處蒐集我一整套著作時,向我表示「還是有許多章節讀起來很吃力」。我很能理解其中的原因,原因是我在帶眾多的粉絲進入各種主題書籍的鑽研時,不但我進步了,粉絲也進步了。某些太簡單的字詞就不必多加解釋。然而,在初階進入進階的過程中,自然會有剛進來的新手「跟不上」。我常常看到他們拿著我二十多年前的舊書在研讀。我一方面為他著急(法令一改再改,舊書有未修正的遺憾);一方面我也為沒能替最新的生手提供新書而感到抱歉。新手最常問到的就是「哪一本書可以先讀」、「哪一本書

是最適合新手看的」。──現在我就能正式回答了：就是本書！這是最適合新手閱讀的第一本書！

選擇判斷正確，就不會誤入歧途

最近一年，詐騙集團越來越囂張，不但到處發布我的假新聞，還藉口說我和什麼公司合作，搞什麼「××投資專案」，以及「××培訓班」，以進行他們撈錢、騙錢的目的。又因熟知我曾把數千本私人藏書免費贈送給「天龍特攻隊」群友的善心義舉，歹徒也想要以假亂真，以「免費購書」（簡直不知所云）為餌，引誘臉友進他們的詐騙群組。我們的【天龍特攻隊】群組成員和我朝夕相處，隨時有查證的管道，自然不可能相信。但我就怕從未與我本人接觸的新讀者上當受騙，所以請認清我的正確臉書網址（詐騙集團用的是仿冒的方天龍臉書，網址自然不同），來與我接洽。

學做股票，要找對人、走對方向，路就不遠；如果甘願被騙破財，墜入陷阱，神仙也救不了你！

最後，我要再一次強調：方天龍絕對不會和任何機構或任何公司合作搞什麼「投資專案」或什麼「培訓班」，那都是假的！我也不會在臉書，建議您參加別人的群組（我不會和別人合作建立其他的任何群組）。請從正確的「臉書」網址來和我聯絡，或寫E-mail給我本人。不要隨便掃詐騙集團的QR-Code（條碼產生器），以免誤入被宰割的群組！

方天龍專用信箱：robin999@seed.net.tw
方天龍臉書網址：https://www.facebook.com/profile.php?id=61554671011769

目錄 CONTENTS

PART 1　進入股市的重要護身符

01　「八二法則」是什麼？新手為什麼總是成為輸家？／014

02　投資工具這麼多，如何選擇適合自己的？／016

03　該如何準備資金？如何資金控管？／018

04　股價為什麼會上漲？為什麼會下跌？／020

05　如何做長線投資？如何做短線交易？／022

06　如何順勢操作？如何逆向操作？／024

07　如何判斷大盤是多頭行情，還是空頭行情？／026

08　如何判斷個股現在是走多，還是走空？／028

09　頭部是什麼？底部是什麼？如何判斷？／030

10　頭部和底部的買賣點，如何選擇？／032

11　不可不懂的停利和停損方式／034

12　萬一碰到黑天鵝，怎麼控制風險？／036

13　什麼是投資應有的心理素質？／038

14　操作股票有哪些重要禁忌？／040

15　什麼叫做「地雷股」？如何避免買到「地雷股」？／042

16　「不要跟股票談戀愛」是什麼意思？／044

17　零股交易是如何下單？／046

PART 2　投資該知道的基本理論

18　何時進場交易？聽「亞當理論」怎麼說？／050
19　「擦鞋童理論」對操作有什麼啟示？／052
20　「比傻理論」、「空中樓閣理論」是什麼？／054
21　「道氏理論」是什麼？／056
22　「波浪理論」是什麼？／058
23　「尾盤理論」可靠嗎？如何應用？／060
24　「蟑螂理論」是什麼？怎麼處理才好？／062
25　「相反理論」是什麼？為什麼要反市場操作？／064
26　「死貓跳理論」是什麼？／066
27　「反射理論」怎麼說明市場與投資者的關係？／068
28　「雞尾酒會理論」可否應用在台股大盤？／070
29　「股票箱理論」可否以個股來談操作？／072
30　「黃金分割率理論」是什麼？／074
31　「長期友好理論」是什麼？／076
32　「隨機漫步理論」否定技術分析嗎？／078

PART 3　K線圖型的學習密碼

33　K線圖是怎麼畫出來的？／082
34　陽線、陰線，分別有什麼意義？／084
35　上影線與下影線，各代表什麼？／086
36　十字線、一字線，有它們的意義嗎？／088
37　T字線、倒T字線，隱藏有什麼意思？／090
38　日K線圖，使用的時機是什麼？／092

39　週K線圖，使用的時機是什麼？／094

40　月K線圖，使用的時機是什麼？／096

41　趨勢線怎麼畫出來？／098

42　如何從趨勢線畫出起漲和起跌點？／100

43　「漲時不言頂、跌時不言底」，是什麼意思？／102

44　軌道線和布林通道的差別是什麼？／104

45　紅三兵和黑三兵，一定準嗎？／106

46　為什麼不要只看「單一」的K線？／108

47　均線的參數設定，如何決定？／110

PART 4　股價與成交量的面面觀

48　流星線，是不是一定會暴跌？／114

49　為什麼「價好做，量難為」？／116

50　價量關係有哪些模式呢？／118

51　價量之間，有什麼不變的法則？／120

52　價量配合，是怎麼配合？價量背離，是怎麼背離？／122

53　爆量上漲，為什麼是好的？良性換手，是什麼意思？／124

54　「有人氣」的股票，是怎麼看出來？／126

55　價漲時的「量增、量平、量縮」怎麼看？／128

56　價平時的「量增、量平、量縮」／130

57　價跌時的「量增、量平、量縮」／132

58　「換手量」是什麼意思？／134

59　什麼叫做「慣性改變」？如何判斷？／136

60　爆量的股票，為什麼要觀察三天？／138

61　「當沖」和「隔日沖」孰優孰劣？／140

62　隔日沖大戶如何「量滾量」出貨？／142

PART 5　型態學初入門

63　什麼是連續型態、反轉型態和盤整型態？／146
64　有哪些是做多的型態？哪些是做空的型態？／148
65　頭肩頂、頭肩底、複合頭肩型，是怎麼看？／150
66　頭肩頂和頭肩底據說很準，如何操作呢？／152
67　圓形頂、圓形底，有什麼意義？／154
68　雙重頂、雙重底，有什麼不同？／156
69　三重頂、三重底，有什麼不同？／158
70　潛伏底（反轉型態）是什麼意思？／160
71　V形、倒轉V形，應該怎麼觀察？／162
72　島狀反轉，會往哪一個方向發展呢？／164
73　喇叭形、菱形的圖形，該如何看待？／166
74　對稱、上升、下降三角形，會有什麼變化？／168
75　上升楔形、下降楔形，如何解讀判斷？／170
76　旗形也是型態的一種嗎？如何操作？／172
77　「缺口」為什麼特別重要？／174
78　壓力與支撐，是如何轉換？／176

PART 6　技術指標淺釋與應用

79　葛蘭碧八大法則的觀察與判斷／180
80　黃金交叉與死亡交叉的觀察與判斷／182

81　移動平均線（MA）的觀察與判斷／184

82　隨機指標（KD線）的觀察與判斷／186

83　平滑異同移動平均線（MACD）的觀察與判斷／188

84　相對強弱指標（RSI）的觀察與判斷／190

85　「寶塔線」（Tower Line）的觀察與判斷／192

86　心理線（PSY）的觀察與判斷／194

87　能量潮（OBV線）的觀察與判斷／196

88　趨向指標（DMI）的觀察與判斷／198

89　威廉指標（WMS%R）的觀察與判斷／200

90　停損點轉向操作系統（SAR）的觀察與判斷／202

91　短線操作機制（CDP）的觀察與判斷／204

92　乖離率（BIAS）的觀察與判斷／206

PART 1

進入股市的重要護身符

01 「八二法則」是什麼？新手為什麼總是成為輸家？

「八二法則」是股市常見的一句諺語，意思是說，參與者八成是輸家，只有兩成是贏家。

有一個笑話說，某個股市新手以1萬元起家做股票，才短短一個月就賺了80萬元。

怎麼可能！人家問他是怎麼辦到的？他說，向人推薦一支潛力股，連續3天開盤都直接鎖跌停板，被人打斷了腿，對方賠給他的！

搞不懂主力的操作思維，就很難成為贏家

「新手運」是有可能的，但不會暴得大富。除非內線交易，但自古以來，因內線交易而吃上官司坐牢的案例不勝枚舉。要想「天上掉下餡餅」還是有些困難。新手多半是從聽明牌起步的，不僅相信，還喜歡轉述聽到的消息，直到「明牌」變成「冥牌」，才覺悟股市賺錢並非想像中的簡單。為什麼不經過學習、研究、訓練的過程的新手，總是成為輸家呢？主要是現代的股市環境複雜，主力操作手法詭譎多變，新手是看不懂的，自然無法穩操勝券。請看圖1-1，這是「威盛」（2388），同一檔股票，連續兩次有同一批主力介入，卻有出你意料之外的操作思維，搞不懂的新手自然莫衷一是、穩當輸家！

圖1-1 「威盛」（2388）連續兩次（❶、❷）有同一批主力介入，卻有出不同的操作思維。

❶當股票漲停板的時候，新手會有很高的意願追價，沒想到次日一買，就被主力當韭菜割了！

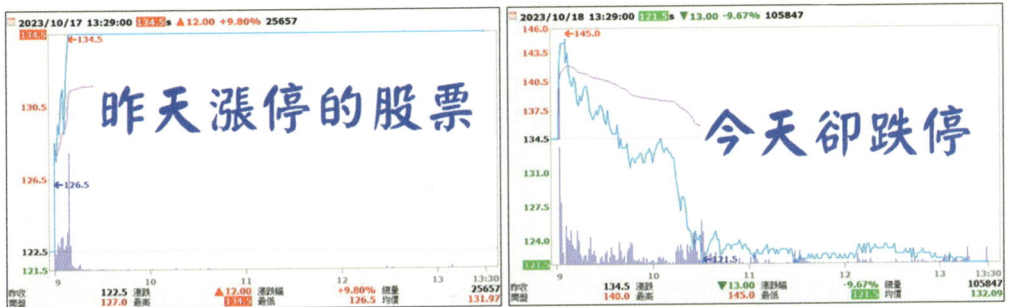

❷當新手認為漲停次日可能會被出貨時，主力卻再拉一個漲停，把放空的新手再割一次韭菜！

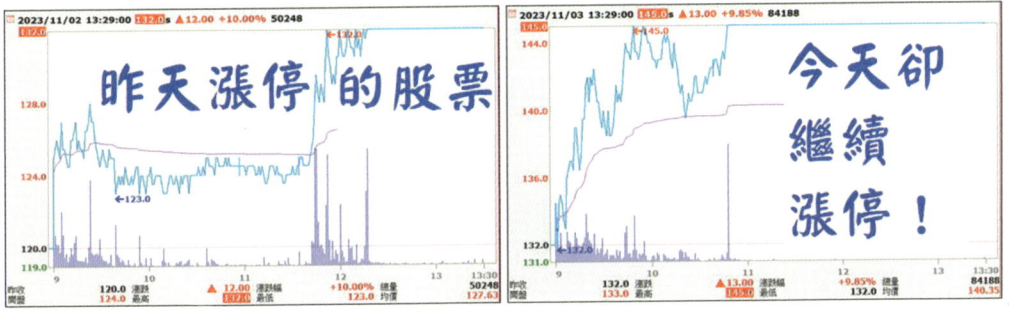

（資料來源：XQ全球贏家）

02 投資工具這麼多，如何選擇適合自己的？

戰爭，要用最厲害的武器，才能克敵制勝；投資也是用錢去拚搏，自然也需要用自己最熟悉、最擅長的工具，才能游刃有餘、致富發家。

那麼，最適合自己的投資工具是什麼呢？新手剛開始，當然以「股票」入手是最適合的。這種金融工具，老少咸宜，需要準備的資金不多。小資族甚至可以用「零股」開始交易，風險不大，而且買得起各種商品，例如千餘元的台積電都買得起。買一股，也才一千多元。

由簡入繁，就從股票開始學操作

做過股票買賣一段時日之後的新手，可以再學學權證交易，這和零股一樣，都是成本非常低的最佳入門之道。即使你的資金非常龐大，也可以從這些門路培養、累積經驗。待有一定基礎之後，再學習期貨，這樣比較妥當。因為期貨等衍生性金融商品，並不難學，但股票做得好，期貨就做得好，因為原理是一樣的，只是遊戲規則不同而已。槓桿大的投資工具，固然賺得快，但風險大，賠得也快，未必適合現階段的您。凡事總要按部就班地進行，才會輕鬆愉快。

表2-1 常見的金融工具類別

傳統金融商品	貨幣	定存、外匯。
	有形商品	股票、債券、基金投資、保險單、儲蓄險。
	無形商品	金融服務、存款、放款、信貸等。
衍生性金融商品	期貨	包括商品期貨（小麥玉米等）、金融期貨（指數、個股期貨等）
	選擇權	分買權（CALL）、賣權（PUT）。
	權證	包括認購權證（做多）、認售權證（做空）。

（製表：方天龍）

表2-2 常見投資工具的交易成本和適合對象。

	投資工具	交易成本	適合對象
1.	股票	交易成本低，手續費0.1425%、交易稅0.3%。	最適合願意花時間研究、學習的新手。依投資人選股和操作能力，而有不同的投資報酬率。小資族可以從零股交易開始累積經驗，風險不大。
2.	債券	交易成本中等。需要手續費（1.5%）及信託管理費（0.2%）。	適合有較大資金的投資人，保守型投資個性，可以期待有穩定性的現金流。
3.	基金	交易成本較高。一般管理費1.5%、信託管理費 0.2%、經理費 1-2.5%、保管費 0.2%。	這是不會選股的投資人，把錢交給專業經理人，由他們來幫忙投資的方式。當然，如果喜歡自己操作，也可以直接在股市買賣ETF。
4.	期貨	交易成本低。各家期貨商收取手續費不同。交易稅 0.002%。	大部分的交易者主要做的是指數和個股期貨。適合已有買賣股票基礎的人。如果一開始就學做期貨，但因不懂操作技巧，容易賠大錢。
5.	選擇權	交易成本低。手續費依交易量與性質，各家期貨商收費都不同、交易稅 0.1%。	適合想要短期內有大獲利的投機者，以及能承擔高風險交易結果的人。股票都做不好的人，不要輕易嘗試。
6.	權證	交易成本低。手續費0.1425%、交易稅 0.1%。	適合小資族但學習過相關知識的投資人。只要用心研究，權證以小搏大的獲利能力，也是不可小看。

（製表：方天龍）

03 該如何準備資金？如何資金控管？

做股票的人，當然資金越多越好。但這並不意味，你要把所有的錢都拿來買股票。不懂得「資金控管」，就代表你還沒有專業知識。

資金的來源，主要是你目前的存款。存款不足，那就多兼幾個差。如果你已經是身經百戰的高手了，那當然可以在低利率的時刻向銀行借貸；當大多頭時期，也可以抵押房子貸款，或向親人借錢，來擴充資金和戰力。但對於新手來說，用信用卡借錢玩股票，是非常危險的事。往往最後會變卡奴。

投資要謹慎，操作不可有玩的意念

做股票，絕對不可以涉險，不可以用「玩」股票的心情在做投資，否則「一失足就成千古恨」。要善用資金，不可以一次全部投入。要非常謹慎地多作「試單」，直到穩操勝券時才可以加碼。尤其不可以太有自信地獨壓在同一檔股票。買的時候也要分批買進、分批賣出，才不會因看錯，而沒有補救機會。此外，要盯著大盤做你的股票，大盤好的時候賣，壞的時候選優質的股票買。下單也要校對一下，以免發生錯帳。同時要量力而行，才不會因「違約交割」損害到你的信用、被迫中止投資。

表3-1　資金控管的四個鐵則。

1.	不可全部投入	人性在賺錢時容易起貪念，會想把資金一次投入，希望賺快一點。其實正確的做法，是資金要留很大一部分作備用的「周轉金」，不可以一次全部投入。應依當時的多空氣氛，作一定比例買進。即使是大多頭時期，也不可超過七、八成。一般都宜在五成以內。
2.	絕不獨壓一檔	獨壓同一檔股票，容易在績效與預期不同時無法轉圜。例如2024年傳出台新金要合併新光金，且中信金有意搶親時，很多人把所有資金獨壓同一檔股票（新光金），結果因消息變來變去，股價拖延了一段時間上不去也下不來。資金就被卡在那兒，無法動彈。
3.	分批買進賣出	股市有一種「金字塔」的操作法，是一種分批買進、賣出的投資策略。看準了優質的股票，「越跌買越多，越漲買越少」。這是很值得學習的投資法，以金字塔型的比例進場，向下逢低加碼，或是根據「倒金字塔」型的比例賣出股票，如此就可便利於風險控管。
4.	不同時買和賣	很多新手在某一檔股票獲利下車之後，往往見獵心喜、興致勃勃，立刻再找另一檔股票介入，不料居然一買股價就跌了。這是因為你當初賣掉前一檔股票賺錢時，通常也正是大盤高檔的時刻，所以容易被短套。所以最好是等大盤拉回之後，再進行選股較妥當。

（製表：方天龍）

04 股價為什麼會上漲？為什麼會下跌？

投資股票，做多者看漲、做空者看跌，但其中有不同的評估方法，例如「基本面派」高手最重視的是財報、營收。因為上市櫃公司每一季會公布財務報表，它攸關股價的漲跌。最重要的損益表，重點就是以下這三率：❶毛利率：代表公司產品和服務的競爭力。❷營業利益率：代表公司本業賺錢的能力。❸稅後淨利率：代表公司整體的賺錢能力。不過，總體經濟學的研判，對新手來說，比較不容易操作，這是專家的強項，同時它也多半是落後指標，除非作長期投資，否則獲利有點緩不濟急。

技術＋籌碼面入手，新手很容易事半功倍

新手最好直接從技術分析入手，因為它的效果是立竿見影的。雖然主力大戶也有很多詭計多端的手法，可能讓你摸不著門路，但身經百戰的高手多半能洞悉他的伎倆。市面上技術分析的書極多，新手只要肯花一點時間研究K線之學，成效是很顯著的。至於籌碼的鑽研，則需要一點專業的軟體輔助。台股最美好的就是有「分點」資料，把主力大戶進出的券商分點都公開出來。如果能把技術面和籌碼面仔細研究，對一檔股票的趨勢、來龍去脈就可了然於心，在操作時必能手到擒來、獲利滿滿。

表4-1 基本面派喜歡探究的總體經濟對股市漲、會跌的影響因素。

1.	利率	利率低,定存族就會把錢拿出來投資,股價就會漲。
2.	匯率	觀察美國這個最大的資本市場的資金變化,很重要。資金寬鬆,有利股市。
3.	經濟成長率	此率會刺激區域內經濟成長與否,與股市自然息息相關。
4.	貨幣供給額	是指某一個特定時間點中,貨幣資產的總量,貨幣政策寬鬆,也影響股市。
5.	採購經理人指數	能掌握產量、庫存量、訂單趨勢,就容易知道股市漲跌的可能情況。
6.	原物料指數	這個指數會反映景氣好壞,對上游廠商衝擊很大。
7.	消費者物價指數	央行都拿來作利率升降的參考。此一指數年增率超過3%就危險。
8.	消費者支出	消費者信心指數,也算是落後指標。
9.	失業率	失業率越高,表示景氣越惡化。不過,對股市來說是落後指標。
10.	恐慌指數	能掌握市場心理,就能知悉股市漲跌趨勢。

(製表:方天龍)

表4-2 技術面派觀察股市漲跌的主要方向。

1.	觀察K線	掌握日、週、月的K線變化,新手也容易學會判斷趨勢和買賣時機。
2.	研究價量關係	價量關係最容易看出主力大戶的真實動作,因為它都是金錢堆疊出來的。
3.	從型態學觀察	是頭部或底部,是做多或做空趨勢,型態學可以看出未來的方向。
4.	從技術指標觀察	包括百餘種的買賣訊號,最常用的是KD、MACD、RSI、寶塔線等等。

(製表:方天龍)

表4-3 籌碼面派觀察股市漲跌的主要方向。

1.	三大法人買賣超	外資、投信、自營商的進出,甚至官股券商的資料,也很值得參考。
2.	分點大戶買賣超	「分點」大戶的進出情況,代表主力的內心想法。
3.	融資融券的變化	融資融券代表的意義極大,尤其券資比的高低,會影響未來股價的漲跌。
4.	庫藏與董監持股	研究大筆轉帳的意涵、董監持股變化,以及是否有庫藏股實施動作。

(製表:方天龍)

05 如何做長線投資？
　　如何做短線交易？

　　股票操作該做長做短，爭議性一直很大。新手經不起股市的「震撼教育」，經常追漲殺跌，一敗塗地。因而有「每天進出，非賠即輸」的諺語。尤其現代的股市由於當沖被官方所鼓勵（有稅金的優惠），因而盤中能掌控漲跌的主力大戶習於賺快錢──拉高就賣，造成股市動盪不安，常讓新手莫衷一是，跟著做短線當沖，做得不好時，會是「竹籃打水一場空」。但是，做長線投資呢？有時「心中無股價」的結果，就常常「抱上又抱下」，美好的果實被波段操作的大戶吃掉了。股價又大幅下降了！

長短線都不利新手，最好是波段操作

　　做「波段」操作，其實是最適合新手的。現代台股的隔日沖大戶（今天買、明天立刻賣掉的大戶）充斥各券商，他們對行情的上漲影響很大。原本漂亮的「長紅」線形，在他們介入之後的第二天，立刻變「長黑」了，那股價不等於「進一步、退一步」、在原地打轉嗎？所以，抱長線很不划算。而短線跟進如果不順（例如追高被套牢），很可能喪失了你的信心。萬一第三天又有別的主力大戶進場，再把股價拉高，那你豈不是呼天搶天、怨天尤人？做波段，就比較可以靜心觀察，穩住陣腳。

表5-1 長線投資的操作策略。

1.	危機入市	買在崩盤的時候。
2.	選對投資標的	看基本面,找出具有成長性及獲利性,而且前景佳的公司。
3.	分批逢低布局	不要期望買在最低點,將買股預算分成好幾批進場,來降低持股成本。
4.	強調投資組合	長期投資的選股策略中,可以將股票分為核心以及衛星持股。
5.	看「月線圖」操作	停利點要看你準備放多久,獲利3成先落袋為安,跌深再接回。

(製表:方天龍)

表5-2 短線投資的操作策略。

1.	以當沖及隔日沖為主	選股要準,賺錢要穩,停損要狠。
2.	要學會技巧才上場	請看《100張圖成為當沖贏家》(財經傳訊出版/方天龍著)
3.	看日線和分鐘線操作	日線是看它的型態,分鐘線是找它適合的買賣點。

(製表:方天龍)

表5-3 波段投資的操作策略。

1.	大約一兩週內了結	要線型來決定買賣時機,區間多久並不一定。線型變差就出脫。
2.	趨勢研判重於一切	即將起飛的股票,要抓住機會買進;漲多的股票,要有風險意識及時賣出。
3.	看日線和週線圖操作	看週線圖,是為了防止日線的假突破。技術指標,也宜多尊重週線的判定。

(製表:方天龍)

PART 1 進入股市的重要護身符

06 如何順勢操作？
　　如何逆向操作？

　　操作股票，我們散戶因為無法控制行情，所以基本上都是「選邊站」的角色。主力的操作分為「順勢操作」與「逆勢操作」兩種。選對邊，就能享受和主力一樣獲利滿滿的成功。

　　「順勢操作」是與市場方向相同的操作，進行順勢交易的交易者通常不會設定明確的價格目標，而只是單純的跟隨趨勢進行交易。請看圖6-1，以「菱光」（8249）為例，主力採取的就是「順勢操作」。圖中的❷❸❹就是呈現同一個方向的上攻。❶是股價的「前高」，已被最後一天突破了。

反市場操作，主力都有其用意

　　再來看圖6-2，以「九豪」（6127）為例，主力採取的是「逆向操作」。因為這檔股票從日線圖來觀察，它的趨勢原本是向下的，卻被最後一天突破了。這是與市場的方向不同的，也就是說，主力是採取「逆向操作」進行的。圖中的❶，是向下跌破的長黑，一舉跌破了5、10、20日三條均線。❷又以向下跳空之姿落下，❸也收黑，而❹卻「反市場方向」攻上去。這說明主力是採取「逆向操作」。主力是想藉股價拉抬，吸引認為股價已止跌的投資人跟進。然後在未來的日子決定賣出或繼續上攻。

圖6-1 以「菱光」（8249）為例，主力採取的是「順勢操作」。

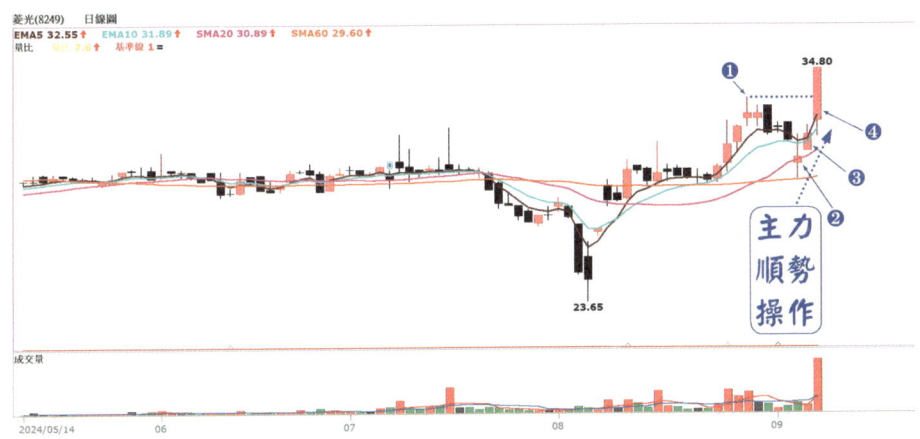

（資料來源：XQ全球贏家）

圖6-2 以「九豪」（6127）為例，主力採取的是「逆向操作」。

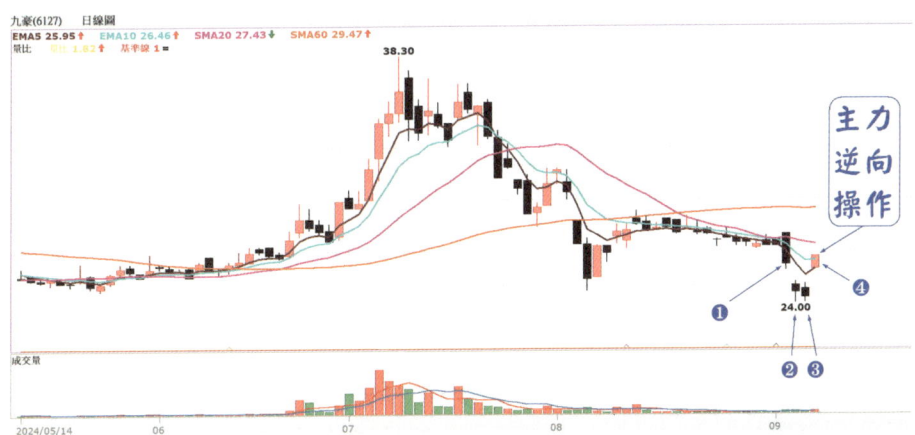

（資料來源：XQ全球贏家）

PART 1　進入股市的重要護身符

07 如何判斷大盤是多頭行情，還是空頭行情？

　　大盤的走勢，通常只有三種型態：漲、跌、盤。每波高點與低點逐步墊高，叫做「多頭」（漲）；每波高點與低點逐步降低，叫做「空頭」（跌）；在特定區間內波動，沒有明顯方向，則叫做「盤整」（盤）。當我們判斷現在是多頭行情，還是空頭行情時，不妨以「週線圖」和「日線圖」分別加以參考佐證，這樣就比較客觀。至於參數，筆者喜歡用20日和60日線均線。前者代表多空分界線，後者代表股市生命線。跨越「20」均線就做多，跌破就做空。「60」均線則是法人比較認同的分水嶺。

突破或跌破均線，決定走多還是走空

　　先看圖7-1，這是週線圖，從❾就走空，直到❶才開始翻多。❷❸都是多頭行情的加碼點，但❹就乖離過大了（漲太多了），尤其爆出天量，出現危機。❺的收黑，更確認行情轉壞。❻已跌破20均線轉空，❼雖然有暫時的突破，但❽顯示這是「假突破」。接下來如何觀察？就要「且戰且走」了。

　　再看圖7-2，這是日線圖，從圖中的❽開始走空，但到❶就開始翻多了。❷是可以加碼的多頭行情，❸之後的兩個小十字，接續是向下的走勢，逐漸形成「夜空雙星」的形態，所以❹❺❻❼都走空了。

圖7-1　以「週線圖」來解析大盤是多是空。

（資料來源：XQ全球贏家）

圖7-2　以「日線圖」來解析大盤是多是空。

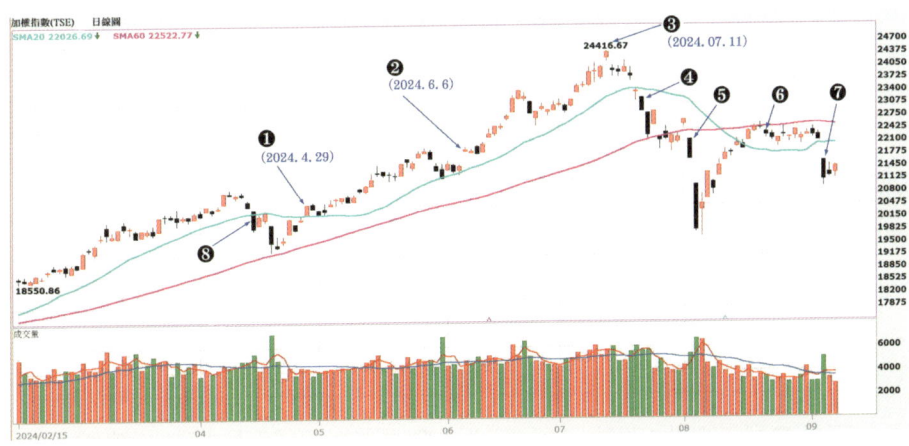

（資料來源：XQ全球贏家）

PART 1　進入股市的重要護身符

08 如何判斷個股現在是走多，還是走空？

所謂「覆巢之下無完卵」，當大盤不好的時候，個股常會被拖累。但是，個股也有因為基本面的不同，或線形一向不佳，主力也不願逆勢操作，所以會有不同的表現。因而操作個股也就必須先研判該股現在是走多，還是走空。

判別個股多空狀況的方法，「做多」是看股價是否居於5、10、20、60等4條均線之上，且4條均線形成多頭排列；「做空」則要看股價是否在這4條均線之下，且4條均線形成空頭排列。

兩條件決定多空，亦為選股的重要秘訣

請看圖8-1，以2024年9月12日的「台灣精銳」（4583）日線圖為例，由於這檔股票的股價在前述4條均線之上，且均線的排列是5>10>20>60，於是它就是屬於多頭行情的股票。再看圖8-2，這是同一天以「聯上」（4113）為例，這檔股票就是屬於空頭行情的股票。因為它的股價在這4條均線之下，且均線的排列是5<10<20<60（空頭排列），所以適合看空。我們從圖8-1和圖8-2，也可以發現前者是**趨勢向上**，前者為**趨勢向下**。在我們選股時，這種研判多空的能力可以決定操作的勝負機率。

圖8-1 以「台灣精銳」（4583）為例，這檔股票就是屬於多頭行情的股票。

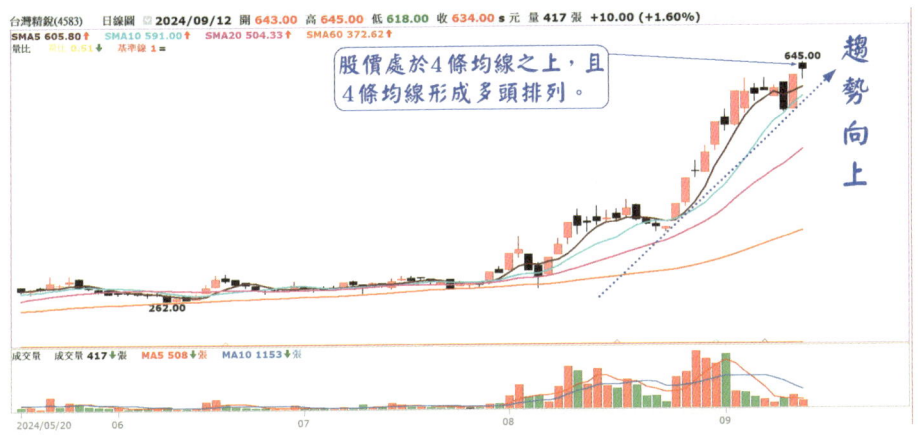

（資料來源：XQ全球贏家）

圖8-2 以「聯上」（4113）為例，這檔股票就是屬於空頭行情的股票。

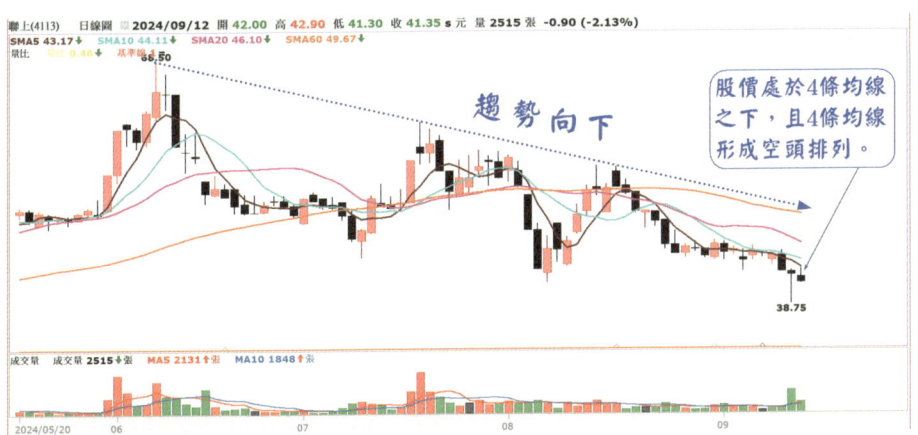

（資料來源：XQ全球贏家）

PART 1　進入股市的重要護身符

09 頭部是什麼？底部是什麼？如何判斷？

　　一般說「頭部」、「底部」，指的都是股票的型態學，也有人把它們稱為「峰」或「谷」的。所謂「底部進場，不贏也難；山頂上玩，有誰能贏？」，這句話的「山頂上玩」意思是指在頭部區操作股票，很容易被套牢，而在底部進場買股票，卻很容易獲利下車。

　　既然如此，那麼如何判斷股價何時是「頭部」、何時是「底部」呢？這就很重要了。請看圖9-1和圖9-2，這分別是筆者整理出來的常見判斷方法。其實，高手多半還有各自的獨家判斷策略。

利多測試頭部，利空測試底部

　　其實不只這些理由，可以判斷「頭部」和「底部」，還有很多方法，例如當市場出現利多消息時，也可以測試「頭部」是否真的頭部；當市場出現利空消息時，也可以測試一下「底部」牢不牢靠。尤其大幅下跌之後的「反彈」與「回升」，就是兩種概念，它很可能再度「破底」，那就不是真正的底部了。同樣的，當大幅上漲之後的「獲利回吐」與「下跌」也是不一樣的概念，它很可能造成真、假「突破」或「跌破」，而否定了你對「頭部」或「底部」的判斷，筆者將在下一個單元進一步舉例說明。

表9-1　判斷頭部的方法。

1.	類股不再輪漲	幾年前航運類股瘋狂大漲,曾經造就不少「少年股神」,後來此一類股不再輪漲,就出現一大段大跌行情。
2.	股價不漲卻爆出天量	股票上漲多時,突然滯漲,並轉而出現連續長黑的K線,成交量值也爆出天量,就代表頭部型態已顯現。
3.	價量背離情況嚴重	股價一直漲,而成交值卻反而縮小,表示投資人之間的換手動作不夠積極,於是形成「價量背離」趨向。
4.	漲得太離譜被官方處置	股價漲得太凶,會被列為注意股或處置股,一旦大戶出貨不順,會讓股價連續下跌,造成無法創新高現象。
5.	K線出現明顯頭部型態	從高檔下跌的股票,常出現頭部區的K線圖形,例如M頭、圓形頂、左右掛雨傘柄、尖山頂、頭肩頂等。
6.	法人或主力連日大賣超	從長期實戰的結果,我們發現股價大跌造成頭部的現象,事後研究籌碼都可見法人或主力的連日大賣超。
7.	資券資料有明顯異常	融資和融券餘額,常可看出股市的徵兆,例如融資爆量、融券大減、籌碼零亂,就容易形成做頭的危機。

（製表：方天龍）

表9-2　判斷底部的方法。

1.	低檔爆出大量	股價跌到相對低檔區時,往往會爆出大量,且三日不見更低價,那麼就會開始反彈,進入築底階段。
2.	股價出現窒息量	接近底部,大盤成交量值會極度萎縮,一旦再爆量上漲,股價就攻了。這有如黎明前的黑暗時刻。
3.	法人或主力連日大買超	法人會發現本益比呈現合理而進場,主力也會因知悉某些消息而悄悄布局。在相對低檔就可跟進。
4.	股市跌幅太慘官方干預	當股市連日崩跌不休,主管單位會要求大股東回補或國安基金進場救市,那通常就是底部的徵兆。
5.	K線出現明顯底部型態	當K線在相對低檔區時出現很長下影,或線圖出現W底、圓形底、V型底、有柄神燈、頭肩底等。

（製表：方天龍）

PART 1　進入股市的重要護身符

10 頭部和底部的買賣點，如何選擇？

　　每一個投資人隨著自身對股市的了解和操作經驗，都會有不完全相同的認知與績效，本單元則提供讀者一些買賣點的選擇，作為參考。畢竟「頭部」與「底部」的確認之外，這才是最重要的。

　　請看圖10-1，這是週線圖，❶❷都有長下影線，加上❸的翻紅，以及連續三週都沒有見到更低點，這就是底部成形了。圖中兩次買進點都有突破近期高點的特徵，首次賣出點是在20週均線跌破60週均線且「價量背離」之時；第二次賣出點，則是因離開60週均線太遠（乖離率太大）之時。

價量關係看出端倪，買進賣出各有依據

　　再看圖10-2，這是以「福華」（8085）為例的日線圖，說明從底部買進到頭部賣出的最佳過程。圖中的❷，是在突破前高（❶）時買進。因為當4條均線（5、10、20、60日均線）糾結之後被向上拉開，就表示這檔股票已經發動攻擊。至於為何在❻賣出呢？因為❸❹❺是頭部下彎之後呈現紅、黑、黑的敗局。當然，這是資深高手比較容易及早賣出的點位，但新手到了比較明顯偏空的❼，也該賣出了。積極的高手則可以放空，因「向上缺口」和「向下缺口」，已形成「島狀反轉」的K線做空組合形態。

032

圖10-1　以加權指數（TSE）為例，說明兩次從底部買進到頭部賣出的最佳過程。

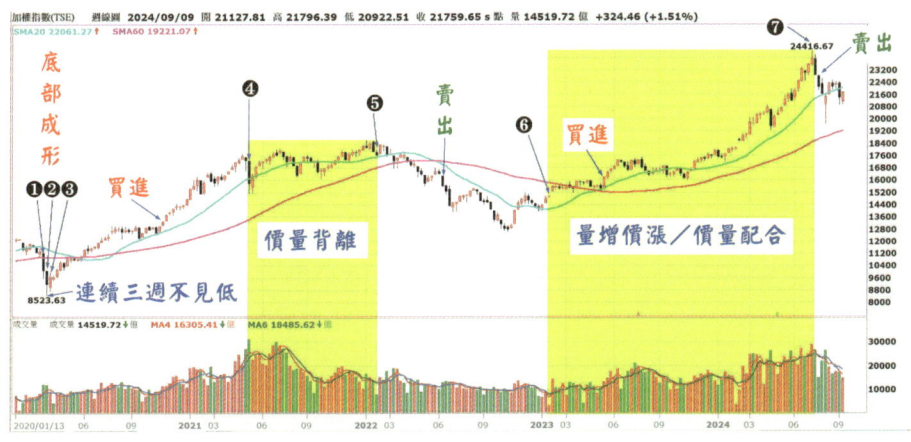

（資料來源：XQ全球贏家）

圖10-2　以「福華」（8085）為例，說明從底部買進到頭部賣出的最佳過程。

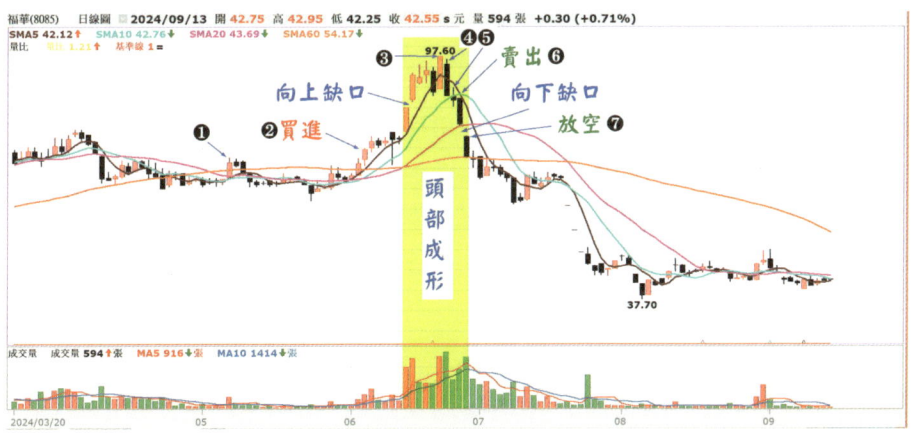

（資料來源：XQ全球贏家）

PART 1　進入股市的重要護身符

11 不可不懂的停利和停損方式

股市前輩胡立陽曾建議投資人採取「進三退一」的方法操作，設定至少30%的獲利目標，以及10%的停損點。不過，近年來，短線風氣盛行。要賺三成之後下車，有時會親眼見到股價還沒到三成就跌下，而令你有「抱上又抱下」的感覺。熟悉技術分析的人，不妨在股價突破區間盤之後，一路抱到跌破10MA（10日均線），先出一半；跌破20MA（20日均線），全部出清。

設定移動停利停損單，可避免下不了手

股市有句名言：「讓獲利奔跑，讓虧損立刻停止！」但90%的散戶都剛好相反，因為心態很難調整，自然容易虧損連連！其實，「小賺大賠」是最致命的錯誤。千萬不要看對的股票只賺2%、3%就賣掉；看錯的股票卻一直凹單，任憑套牢而不肯賣，結果虧損就不斷擴大。

有些券商以看盤軟體有「移動停利停損下單」（❶）功能為招徠客戶的方法，頗有吸引力。至於如何設定很簡單，問一下營業員就知道了。難的是設定的參數究竟該是多少，營業員也不敢隨便告訴你，因為這是見仁見智的事，並沒有絕對正確的設定法。

註解❶：移動停利，是隨著獲利創新高而逐步向上調整停損點的一種策略，優點在於鎖住獲利，避免被大量的獲利回吐所傷害。這一招的好處是，既可以鎖住獲利、又不致過早地賣出股票。

圖11-1　常見的「移動停利」的功能圖解。

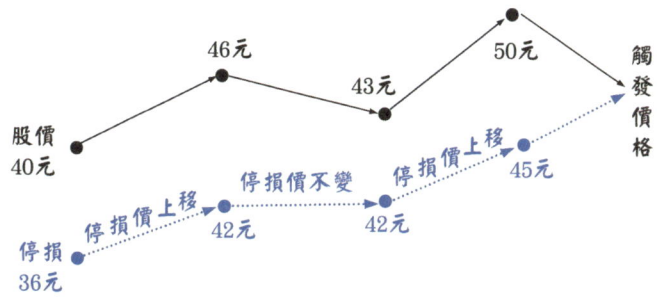

圖11-2　大型證券公司的下單APP多半有「移動停利」的功能。

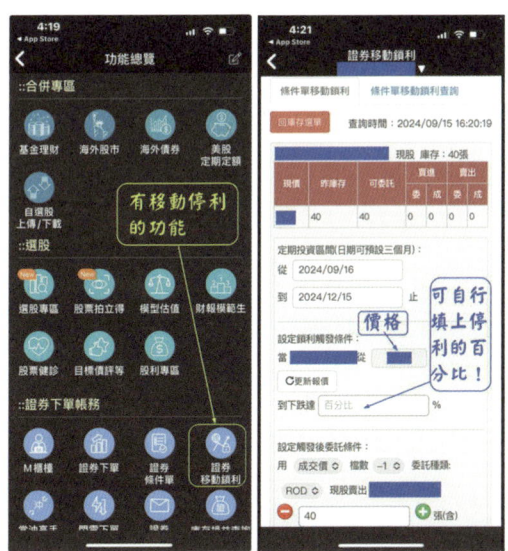

（資料來源：富邦證券）

PART 1　進入股市的重要護身符

12 萬一碰到黑天鵝，怎麼控制風險？

K線有「三隻烏鴉」（或稱「三黑鴉」）的型態；股市也有「黑天鵝」的恐怖風險，似乎和「黑道」一樣，都屬於破壞性極強的徵兆。911恐怖攻擊、2008年金融海嘯、新冠疫情、以巴衝突、烏俄戰爭，乃至於台海危機、戰爭陰影，在在都可能形成「黑天鵝」的風暴。雖然所有的事件多無法預測，事後看起來卻像有跡可循。那麼，我們平時該如何控制風險、避免在股市的意外大損失呢？

觀察恐慌指數的變化，可及早準備對策

雖然「黑天鵝」事件太罕見，但仍有必要未雨綢繆。例如「分散風險」——將資產分散到股票、債券、黃金、不動產等，以減少單一市場、單一產業、資產類別波動帶來的風險。不過，「別把雞蛋放在同一個籃子裡」的理論和「集中投資」專家的觀點有些出入。巴菲特也說，「分散投資不是避開風險，而是『避開無知』」。其實，要想知道「黑天鵝」的影響力，最好觀察「恐慌指數」（VIX）的變化。中東戰事擴大時，VIX飆升至 2024 年最高，拖累美股、台股爆跌，印度神童阿南德最近還預言台灣政權會被接管………，只要隨時參考一下「恐慌指數」（VIX）的變化，就知所進出。

圖12-1 「黑天鵝」事件的影響力，從「恐慌指數」（VIX）的變化，就可以觀察得知。

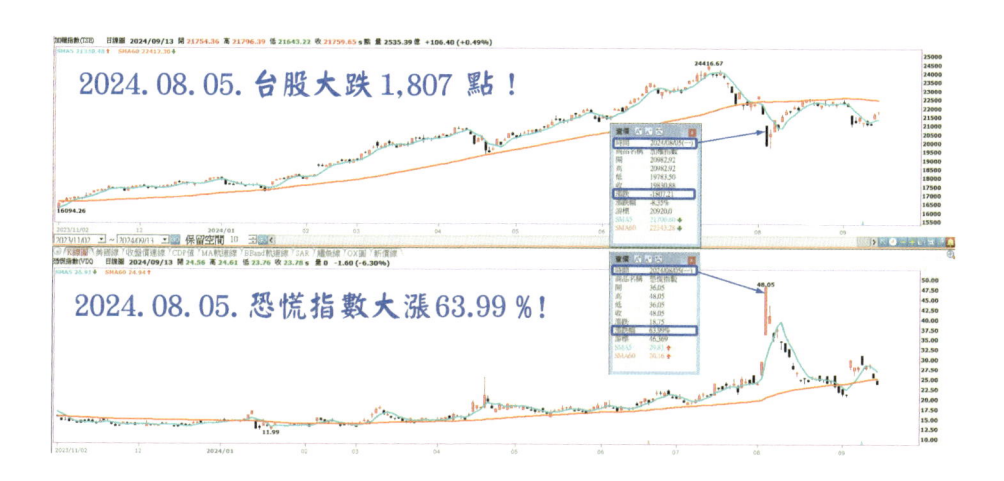

2024.08.05. 台股大跌 1,807 點！

2024.08.05. 恐慌指數大漲 63.99％！

（製表：方天龍）

PART 1　進入股市的重要護身符

13 什麼是投資應有的心理素質？

　　一位不知名的畫家，向某名畫家訴苦說：「我真不想畫了！為什麼我畫一幅畫只需一天，而賣掉它卻要等上整整一年？」

　　名畫家嚴肅地回答：「如果你肯用一年的工夫去畫它，那麼你可能一天之內就把畫賣掉了。」

　　股市投資也是要有同樣的心理素質。傑西・李佛摩說：「投機就是在股市中找機會、等待時機，然後看準時機出手！」可見即使是投機也不簡單，不下功夫做足功課，是不可能精準投資獲利的。

保持平常心，與趨勢為友，與情緒為敵

　　股市最重要的心理素質是「與**趨勢**為友，與**情緒**為敵」。短期的「投機」如果因做錯方向而套牢，不應變成「長期投資」；但是，如果堅認**趨勢**沒有看錯，就不必呼天搶地鬧情緒。當**趨勢**是對的，就要有信心，不可因情緒失控而忘掉「初心」。請看圖13-1，這是筆者在2024.09.13.的隔日沖操作說明，圖13-2則是次日總共做了100口股期，其中有關「胡連」的操作明細，至於全部成績單僅在筆者創辦的【天龍特攻隊】免費優質群組披露。筆者曾以現身說法勉勵小資族，操作股票應具備「平常心」。

圖13-1 「胡連」股期（2024.09.16.）的操作說明。

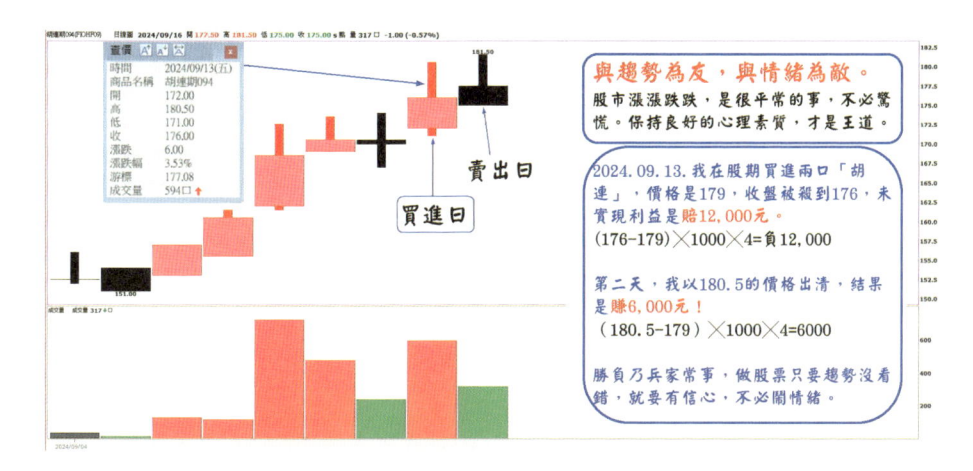

與趨勢為友，與情緒為敵。
股市漲漲跌跌，是很平常的事，不必驚慌。保持良好的心理素質，才是王道。

2024.09.13.我在股期買進兩口「胡連」，價格是179，收盤被殺到176，未實現利益是賠12,000元。
（176-179）×1000×4=負12,000

第二天，我以180.5的價格出清，結果是賺6,000元！
（180.5-179）×1000×4=6000

勝負乃兵家常事，做股票只要趨勢沒看錯，就要有信心，不必鬧情緒。

（資料來源：XQ全球贏家）

圖13-2 作者2024.09.16.總共交易了100口股期，這只是其中有關「胡連」的交易明細。

成交日期	買賣別	商品名稱	口數	成交價	損益
2024/09/16	賣出	胡連期09	1	180.5000	3,000.00
2024/09/13	買進	胡連期09	1	179.0000	
2024/09/16	賣出	胡連期09	1	180.5000	3,000.00
2024/09/13	買進	胡連期09	1	179.0000	

（資料來源：作者提供）

PART 1　進入股市的重要護身符

14 操作股票有哪些重要禁忌？

新手操作股票，最忌聽明牌，一來養成依賴性，輸了也容易怨天尤人；二來不經由自己的學習和研究、檢討，最終也無法進步。如果你不想永遠在股市跌跌撞撞，最好要自己下功夫研習。

其次，大部分專家都勸新人不要用融資做股票，這點我有不同看法。融資並非借錢來「玩」股票，而是小資族透過機構的「配合款」來進行槓桿操作、讓資金相形變大而已，它基本上與借錢來消費、把它花掉，是不一樣的狀態。但在還不熟諳股市操作時，能不用融資當然最好。尤其初學者仍以不使用融資為宜，如果資金不夠，可以用「零股」交易，來解決資金不足的問題。

若是艱澀的行情，就不要硬吞

此外，操作股票有輸有贏，「贏要衝，輸要縮」是基本原則。在大多頭的時候，好賺就要努力賺更多；不好賺的時候，就要縮手不動。尤其是新手，在下跌的過程中，既不懂得放空，就最好保持空手。沒有人說非得天天操作股票不可。見圖14-1，長幅度的上漲，必有長幅度的下跌。新手搞不清楚狀況，極容易受傷。此時最佳策略就是「休息」。最忌諱的是滿手股票！

圖14-1　新手在股市下跌的過程中，既不懂得放空，就最好保持空手。

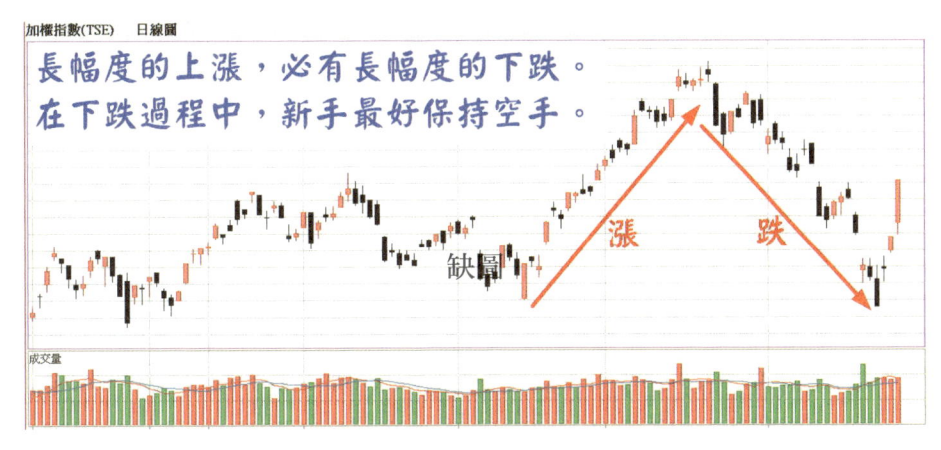

> 長幅度的上漲，必有長幅度的下跌。
> 在下跌過程中，新手最好保持空手。
>
> 缺口　漲　跌

（資料來源：XQ全球贏家）

表14-2　操作股票的重要禁忌。

1.	不要聽明牌做股票	萬一賠了大錢，容易在心中怪罪於人。
2.	初學者不要使用融資	信用膨脹，就是涉險的一種動作。資金不夠，可以買零股。
3.	行情不好時保持空手	避免受傷害，不妨休息觀望，別搶反彈。
4.	投資比例要低	資金大不大，看你用得多不多。全部投入，會週轉不靈。
5.	不要滿手股票	儘量保持在5檔之內。
6.	不要相信內線消息	不要認為內部人士告訴你的訊息，就會讓你賺錢。
7.	不要孤注一擲	不要把所有的錢都只買同一檔股票。

（製表：方天龍）

15 什麼叫做「地雷股」？如何避免買到「地雷股」？

根據統計，近幾十年來被台灣證券交易所檢定為全額交割股的上市公司，重整成功的並不多。所以投資股票千萬別碰這種「地雷股」，以免上市之後股票變成「壁紙」，毫無價值。

所謂「地雷股」，就是指有問題的上市櫃公司股票，例如因財務惡化而破產，或遭銀行列為「拒絕往來戶」，或公司淨值低於實收資本額的一半，或被法院裁定重整、董監事持股不足、公開說明書記載不實………等等，這些都是地雷股。早晚會被停止交易，或勒令下市。

廷鑫和昶虹停牌，足以提供警惕

不懂財務面的投資人，也可以看技術面。10元以下的股票，常符合那句諺語：「可憐之人，必有可恨之處」，它們多半是有問題的，法人也不會買。請看圖15-1和圖15-2，當2004年上市櫃公司申報第二季財報的最後一天，廷鑫（2358）及昶虹（2443）這兩家公司，仍未繳交財報，其中廷鑫還以16億元賣掉8千坪土地、廠房，但財務仍有問題。後來果真被停止交易了！所以，如果該公布財報時，有好財報的早就貼出資訊了，而一直拖延的公司就非常可疑。這也是判斷「地雷股」的好方法。

圖15-1　2004年已經停止交易的「廷鑫」（2358），就是一檔「地雷股」。

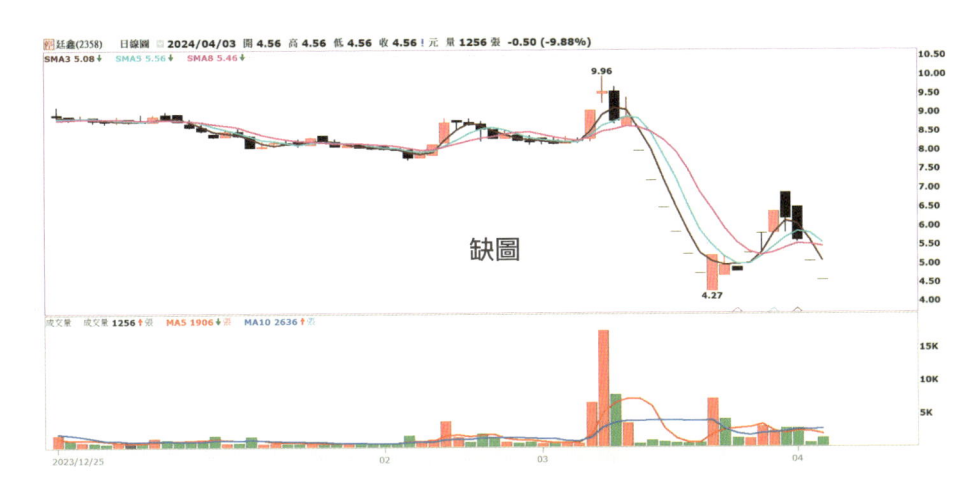

（資料來源：XQ全球贏家）

圖15-2　2004年已經停止交易的「昶虹」（2443），也是一檔「地雷股」。

（資料來源：XQ全球贏家）

PART 1　進入股市的重要護身符

16 「不要跟股票談戀愛」是什麼意思？

　　股票有時是不合人性的，甚至可以說，違反人性去操作股票有時反而能賺錢。前財政部長王建煊的名言「手中有股票，心中無股價」，應該是指我們的情緒和心態很容易隨股價的波動而呈現「喜怒無常」的不穩定狀態。那就別把股票的漲跌看得太重要，也就是俗話說的「不要跟股票談戀愛」，才有辦法「該出馬時就出馬，該出手時就出手」，該賣不賣，就會像圖16-1和圖16-2一樣，股價跌到不可思議的地步。你以一顆專情的心對它，股價卻不一定以同樣態度回報你。──市場只聽「聰明人」的話。

該放手時不放手，股價會殘忍無情地回報你

　　「當斷不斷，反受其亂」的歷史背景是戰國時代，楚國春申君黃歇當初在遊說秦昭王，以及安排楚太子回國時，非常聰明果斷。但後來朱英勸他及早把一個實力派人物李園除掉，黃歇卻猶豫不決，遲遲沒有接受勸告，以至於黃歇反被李園派來的刺客殺死，終成千古遺恨。「宏達電」在1300元的高檔，如果捨不得放手，繼續和它「苦戀」十年的結果──股價就殘忍地從1300元跌到25.4元了！國巨也不例外，一年內股價就從1310元無情地摔到203元！真的是「當斷不斷，反受其亂」！

圖16-1 以「宏達電」（2498）為例，說明和股票談戀愛沒有必要，當斷不斷，會損失慘重。

如果捨不得放手，和宏達電苦戀十年的結果，股價就從1300元跌到25.4元！

（資料來源：XQ全球贏家）

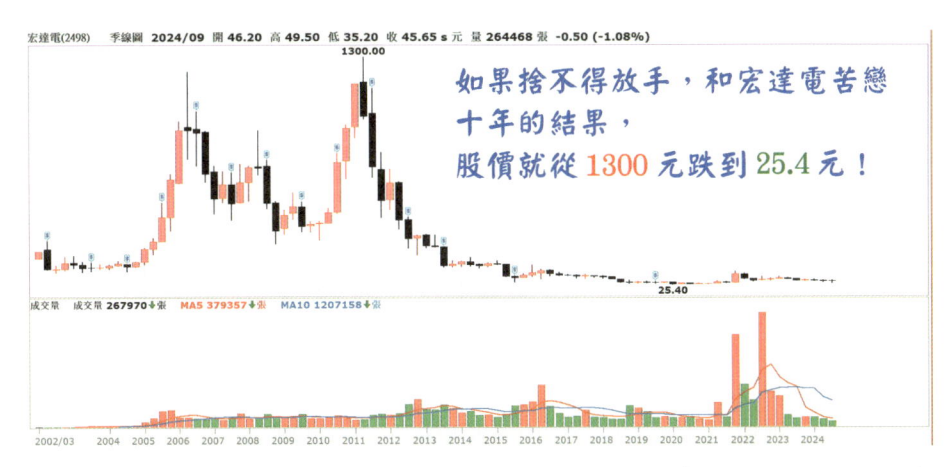

圖16-2 以「國巨」（2327）為例，說明和股票談戀愛沒有必要，當斷不斷，會損失慘重。

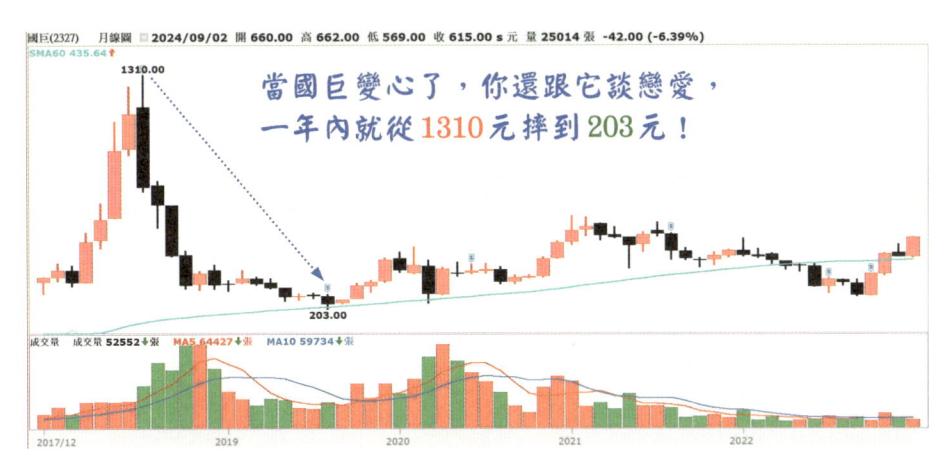

當國巨變心了，你還跟它談戀愛，一年內就從1310元摔到203元！

（資料來源：XQ全球贏家）

PART 1 進入股市的重要護身符　045

17 零股交易是如何下單？

根據我長期的教學經驗，新手總是擔心自己的資金不夠多，其實只要先做「零股交易」就會覺得「游刃有餘」了，「整股」是一張股票（1000股）以上的買賣；而零股交易則限定1~999股。例如「台積電」（2330）在2024年9月16日收盤價是947元，整股一張就要94萬7千元，而零股1股，只要947元而已。只要購入1股上市櫃公司的股票、成為它的股東，就可以領取物超所值的股東會紀念品。好友張琨琳兄曾用3萬元投資領到480~530家琳瑯滿目的股東會紀念品，可見零股之魅力！

不要被舊知識誤導，因遊戲規則常有新變動

零股交易不能融資（如此便宜已不需要融資），也不能當沖（用庫存的零股一買一賣，其實也等於當沖），但是，其餘的操作手法和整股的操作，並沒有差異。但要注意的是，零股的遊戲規則常常在變動，你去Google或看網路的視頻，有時也會查到舊資料知識（新制已改變）而被誤導。最好是直接到台灣證券交易所網站去看，那絕對不會錯的，例如https://www.twse.com.tw/zh/trading/historical/twtc7u.html，就可以找到盤中零股交易行情表。至於下單操作的細節，可以多請教你的營業員，那才會是正確的。

圖17-1　各家券商的下單APP雖有不同，但大致差不多。

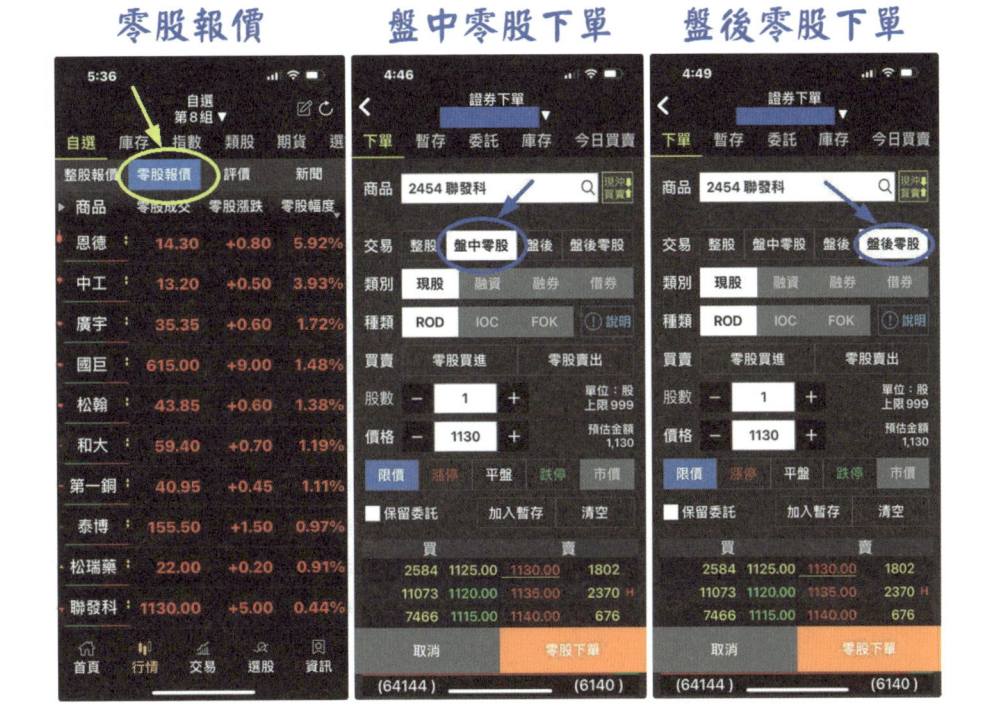

（資料來源：富邦Online）

PART 2

投資該知道的基本理論

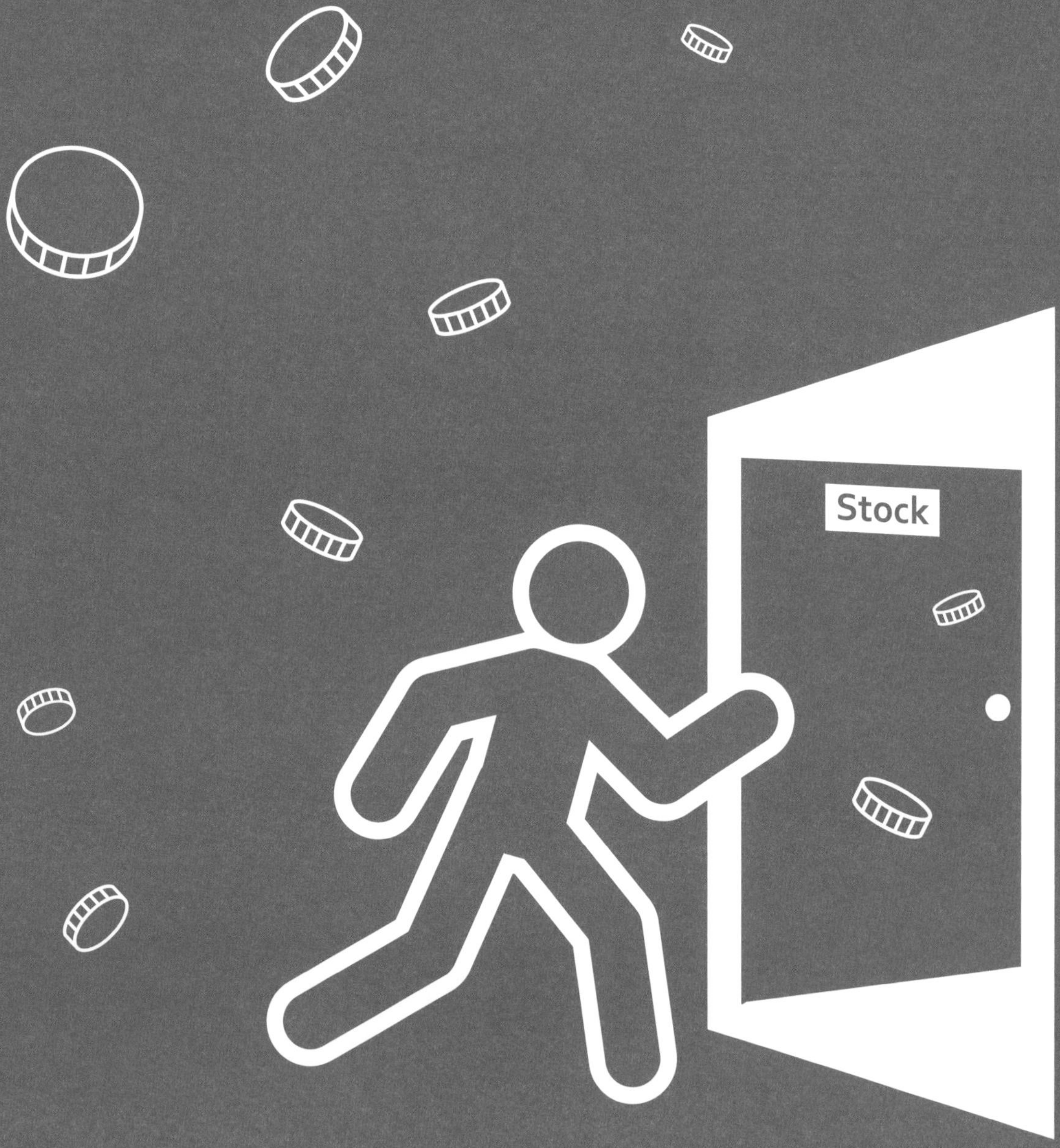
Stock

18 何時進場交易？聽「亞當理論」怎麼說？

　　《亞當理論》一書作者Welles Wilder（威爾斯·威爾德，1935～2021年）是上個世紀最偉大的技術分析大師，諸如RSI、DMI、SAR等重要技術指標的發明人都是他！

　　這本經典名著，重點是強調「順勢操作」的概念。他認為市場中最重要的是「價格」；價格最重要的是「趨勢」。趨勢就是一再重複的事。同時，他說，最基本的重覆形式，就是精準的重覆。

三個向上因素，有利於多頭進場

　　這位大師怎麼看「進場交易」的時間點呢？❶突破。❷趨勢改變。❸缺口或當日高低差價大（其實就是指振幅）。請看圖 18-1，以「易威」（1799）為例，這個日線圖，正符合大師說的「突破前的盤整時間越長越好」，在突破點進場後，果然發現趨勢改變，而且漲勢驚人。

　　再看圖18-2，以「力麗店」（5364）為例，❶突破的跳空缺口是進場點。❷兩個跳空缺口，確認是向上的趨勢。❸是振幅16%（計算方法：高點減去低點。然後高點除以這個值）最後依然收高，表示向上的趨勢不變。❹是大漲之後，跌破頸線的賣點。❺振幅14%，最後一樣收黑，可說是跌勢的確認。

圖18-1　以「易威」（1799）為例，說明《亞當理論》一書提示的進場時機。

趨勢改變！

突破前的盤整時間越長越好！

突破

（資料來源：XQ全球贏家）

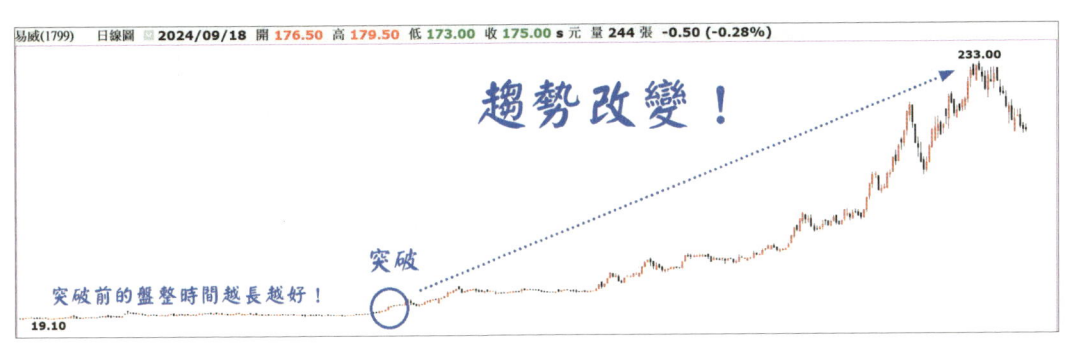

圖18-2　以「力麗店」（5364）為例，說明《亞當理論》一書提示的進場時機。

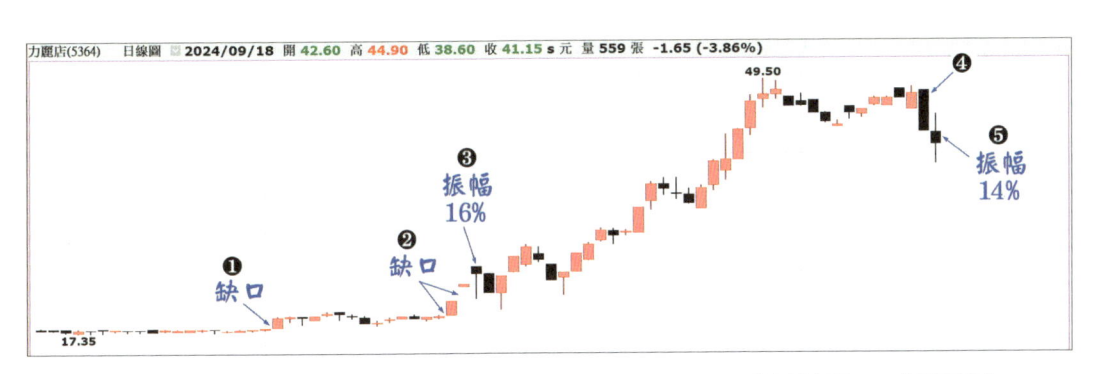

❶ 缺口
❷ 缺口
❸ 振幅 16%
❹
❺ 振幅 14%

（資料來源：XQ全球贏家）

PART 2　投資該知道的基本理論　051

19 「擦鞋童理論」對操作有什麼啟示？

台股在歷史上有許多次重大的崩跌危機，例如1990年證交稅實施、1995年中共試射飛彈、1997年亞洲金融風暴、2000年網路泡沫化、2002年 SARS 疫情、2007年次級房貸、2011年美債危機、2018年中美貿易戰、2020年Covid－19 疫情等等，這些利空因素都造成股市的崩盤，但是有一種「溫水煮青蛙」式的、慢慢的、不知不覺的由多轉空的情況是來自股市氣氛過熱，許多根本不該參與者，例如幫人擦皮鞋的、寺廟僧侶………都熱中於「玩股票」，那也會造成股市崩盤。這就是「擦鞋童理論」。

股市過熱有徵兆，看出警訊才能避險

「擦鞋童理論」故事來源於美國華爾街1929年的大崩盤，當時據說股市非常狂熱，狂熱到連擦鞋童都在眉飛色舞地談股票。這使我想起筆者在2014年旅居中國大陸時，親見股民已經瘋狂到形成「全民運動」，許多股民可以坐十幾個小時的車子，只為到另外一省去聽股市講評。果然2015年大陸股市就崩盤了，隔了很久很久才慢慢止跌。「擦鞋童理論」對我們的操作是個警訊。它也可以說是一個股市溫度計。請看圖19-1，2015年6月大陸股市明顯因過熱而崩跌；圖19-2，同期台股走勢平穩。

圖19-1 大陸在2014年到2015年間的11個月，股民瘋狂於股市，行情過熱導致大崩跌。

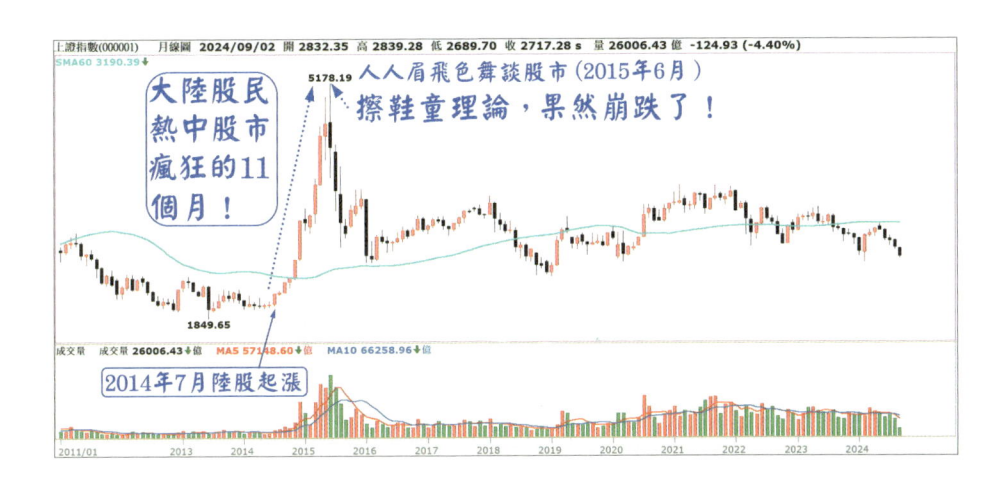

（資料來源：XQ全球贏家）

圖19-2 和中國大陸同一時期的台股，走勢平穩，並無股市過熱的現象。

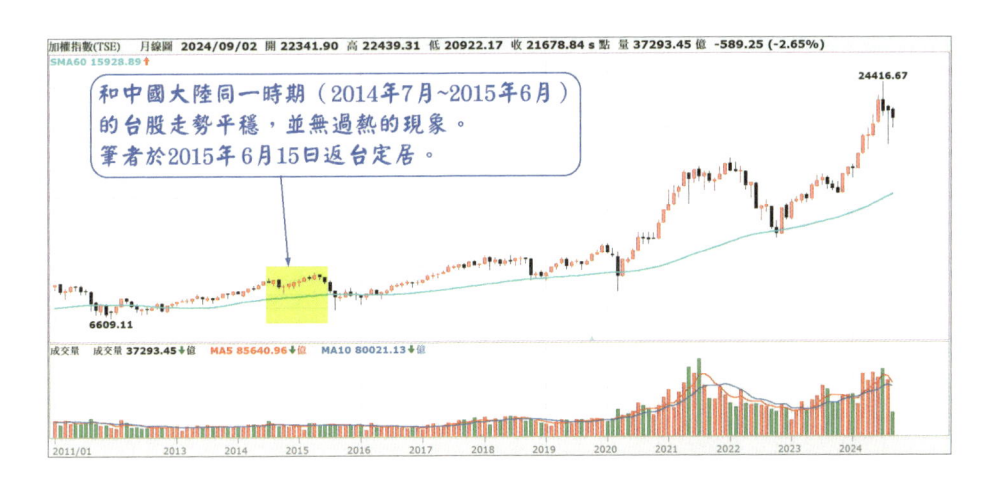

（資料來源：XQ全球贏家）

PART 2 投資該知道的基本理論

20 「比傻理論」、「空中樓閣理論」是什麼？

「比傻理論」也叫做「搏傻理論」，意思是說，在股市中比的是智慧。──聰明人把不聰明人的錢贏過來。但是，也有一種情況，就是：我雖然不夠聰明，但仍可以把比我更不聰明的傻瓜的錢贏過來！假設智慧分ABCD四等，A贏B，B贏C，結果ABC三人都是贏家，可是D因為手中的股票沒有人接手，所以就變成唯一的輸家，也就是被貓抓走的「最後一隻老鼠」。

股價太高沒關係，只要有人跟進就行了

「空中樓閣理論」和「比傻理論」的意思是很類似的，都認為股價的高低，並不重要，重要的是相信有個更愚笨的「傻瓜」願意用更高的價格購買就夠了。精明的投資人不必去計算股票的內在價值，只要搶在最後一個「傻瓜」之前成交就行了。也就是趕在股價達到最高點、即將下跌之前賣出股票，就可以放心了。反正股票已經脫手，失敗的責任就由「最後一隻願意追高的老鼠」去扛。

一般認為技術分析的理論基礎，就是「空中樓閣理論」。但是，在學術界，技術分析學說並未被認同──因為他們主張過去的股價並不能推測未來；但是在實務界，技術分析卻廣受歡迎、普遍被採用。

圖20-1　「比傻理論」更深一層的認識與說明。

1.	理論淵源	資產的價格，取決於買家的心態而非該資產價值本身。
2.	主要觀點	不必計算股票內在價值，只要搶在最後一個肯追價的「傻瓜」之前成交就行了。
3.	故事譬喻	有兩個人到野生動物園去，不看警告標示，也不遵守規定，下了車就去看獅子。 這兩個人提著包包、拿著相機，一副興致勃勃的樣子。 突然，獅子似乎做個樣子要衝過來。 這兩個人嚇到了，其中有個人打開包包，趕快換球鞋。 另一個人說：「你換球鞋做什麼？——你換球鞋，再快也跑不過獅子啊，對不對？ 對方說：「沒關係，我只要跑得比你快就行了！」

（製表：方天龍）

圖20-2　「空中樓閣理論」更深一層的認識與說明。

1.	理論淵源	空中樓閣理論是美國著名經濟學家凱恩斯於1936年提出。
2.	主要觀點	拋開股票基本面的價值，強調心理構造出來的空中樓閣。投資人所以願以一定的價格購買某種股票，是因為堅認會有下一個「笨蛋」追高買進。
3.	故事譬喻	凱恩斯說：「選股如選美。」 以英國當時流行的報刊「美嬰有獎評選」為例，選美者個人對美醜的判斷標準並不重要，而要懂得社會大眾對嬰兒美醜的看法，才能使自己的選擇與票數最多的選擇保持一致，這樣才能保證在評選中得獎。 所以，「老婆要選自己中意的，股票要挑別人喜歡的」。 ——尤其要挑主力喜歡的股票。

（製表：方天龍）

21 「道氏理論」是什麼？

　　道氏理論，也叫做「道氏股價理論」，是出自華爾街日報創辦人查爾斯・道（Charles Henry Dow），以及威廉・漢彌爾頓（William Hamilton）的智慧結晶，並經過羅伯特・雷亞（Robert Rhea）的彙整與發揚，奠定其在技術分析與市場預測上不可磨滅的地位。

　　「道氏理論」可說是最早也是最著名的技術分析理論。「查爾斯・道」長年觀察潮水的起落與波浪的變化，悟出了一套非常膾炙人口的股價理論。直到今天，談到技術分析，沒有人可以忽略它。

對後世技術分析領域，頗具拓荒精神

　　道氏理論的基本意義就是，股價的漲跌好比潮水的起起落落，怎麼上來就怎麼下去，並且能漲多少就會跌多少。如今這一套理論仍是所有股價技術分析的拓荒者，諸如艾略特的波段理論、**趨勢線**和**趨勢軌道理論**、移動平均線理論、股票箱理論的發明，都受到道氏理論極深的影響。

　　道氏理論主張，股票價格運動有三種**趨勢**：股價的基本**趨勢**、股價的次級**趨勢**、股價的短期**趨勢**，請看圖21-1表解。

圖21-1　道氏理論揭櫫股票價格運動的三種趨勢。

1.	股價的基本趨勢	道氏理論是從大的角度來看上漲和下跌的變動。只要下一個上漲的水準超過前一個高點，且每一個次級的下跌，其波底都較前一個下跌的波底高，那麼，股票的主要趨勢就是上升的，這可以稱為牛市（多頭市場）；相反的，當每一個中級下跌將價位帶至更低的水準，而接著的彈升不能將價位帶至前面彈升的高點，這時股票的主要趨勢是下跌的，稱為熊市（空頭市場）。
2.	股價的次級趨勢	股價運動的次級趨勢，經常與基本趨勢的運動方向相反，同時有一定的牽制作用，這就是股價的修正趨勢。這趨勢會持續3星期到半年不等，其股價上升或下降的幅度多為三分之一或三分之二。 道氏認為，任何和主要趨勢相反方向的行情，通常至少持續三個星期左右；下跌後會漲升1/3，然而，除了這個標準外，次級趨勢通常是混淆不清的，幾乎沒有定論。
3.	股價的短期趨勢	股價的短期趨勢，反映了幾天內的變動情況。它們的波動很少超過三星期，甚至少於六天。不管是次級趨勢或兩個次級趨勢之間的主要趨勢部分都是由一連串的三個或更多可區分的短期變動所組成。 不過，這些短期變化所得出的推論很容易錯誤。在一個無論成熟與否的股市中，短期變動都是唯一可以被「操縱」的。而主要趨勢和次要趨勢卻是無法被操縱的。

（製表：方天龍）

22 「波浪理論」是什麼？

波浪理論是美國技術分析大師艾略特在1927年所發明的一種價格趨勢分析工具，也是一套完全靠觀察得來的規律行為，可用以分析股市指標、價格的走勢。它也是目前世界股市分析上運用最多的分析工具。也有人把它稱為「艾略特波段理論」。今天台灣股市號稱「波浪大師」的專家們，多半是師承艾略特。而「波浪理論」的靈感來源，應該是更早期的「道氏理論」。

分析大盤尚可，對個股並不適用

請看圖22-1，在「艾略特波段理論」裡，多頭市場前五個波段是上升行情，後三個波段是下跌行情。在上升波第一、三、五波段上漲，第二、四波段則屬於回檔整理。在下跌波中，第六、第八下跌，第七波段則是反彈整理。再看圖22-2，「艾略特波段理論」的空頭市場，第一、三、五波段下跌，第二、四、六、八上漲。經過八個波段後，就完成艾略特波段理論的精神。

艾略特的波段理論是一套主觀分析工具，並不客觀，也難以「神準」。因市場運行往往是受情緒、心理等複雜因素影響，而並不只是機械運行。同時，它對個股來說，也並不適用。

圖22-1 「艾略特波段理論（多頭市場）」的圖解。

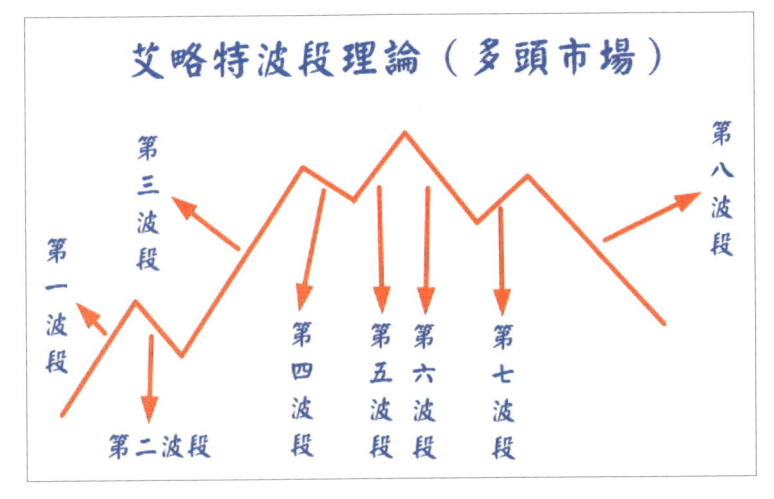

艾略特波段理論（多頭市場）

第一波段
第二波段
第三波段
第四波段
第五波段
第六波段
第七波段
第八波段

（繪圖：方天龍）

圖22-2 「艾略特波段理論（空頭市場）」的圖解。

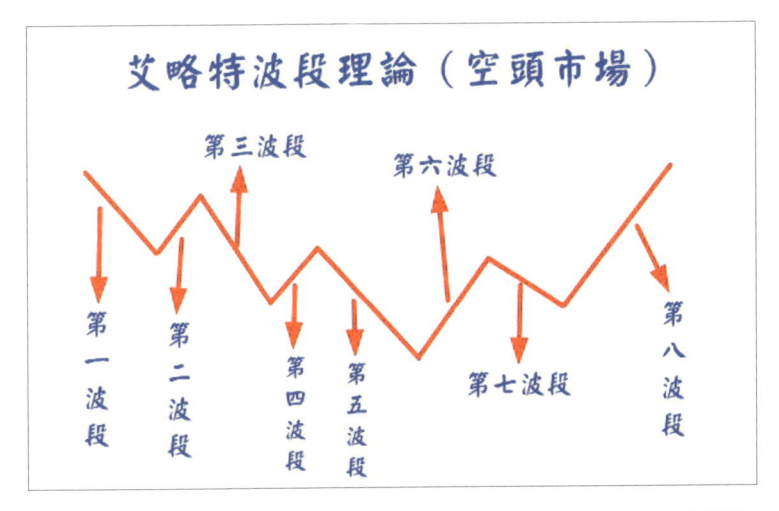

艾略特波段理論（空頭市場）

第一波段
第二波段
第三波段
第四波段
第五波段
第六波段
第七波段
第八波段

（繪圖：方天龍）

PART 2　投資該知道的基本理論

23 「尾盤理論」可靠嗎？如何應用？

　　尾盤通常指的是收盤前最後半小時或一小時（中午12：30〜下午1：30）。如果是股票期貨則是延伸到下午1：45。「尾盤理論」是指有不少投資人會透過尾盤進行選股，因為尾盤上漲的股票，到明日大多仍會維持上漲趨勢，尤其尾盤時出現的任何消息影響，幾乎都會延續到隔日早盤，因此透過尾盤選股是一個短線操作股票的妙招，特別是做「隔日沖」（今天買進、明天賣出）的人。不過，如果線型不在上升階段，尾盤最後一刻才突然出現急跌，就意味有部分主力大戶在出貨。次日未必有高價。

尾盤選股，高手也有買黑策略

　　請看圖23-1，以「元太」（8069）為例，拉尾盤、創新高的股票，次日都有更高點。這是2024年9月19日的行情，當天收300元，次日收311元，可見成功機率很高。

　　其次，還有一種高手才懂的尾盤選股策略，在此奉獻給本書讀者。請看圖23-2，以「原相」（3227）為例，這是個上升趨勢，盤中❶包含一個「一星二陽」（註解）的K線多頭組合，❷和❸，卻意外跌下來。研判是有隔日沖大戶出貨，那就選在❸尾盤「買黑」進場，❹❺兩天果然連續大漲。

註解：「一星二陽」，是在兩根紅K線之間，夾帶一根「星線」（十字線或紡錘線）的三根K線組合。詳見方天龍的暢銷著作《100張圖學會K線精準判讀》一書第94頁。

圖23-1　以「元太」（8069）為例，拉尾盤的股票，次日都有更高點。

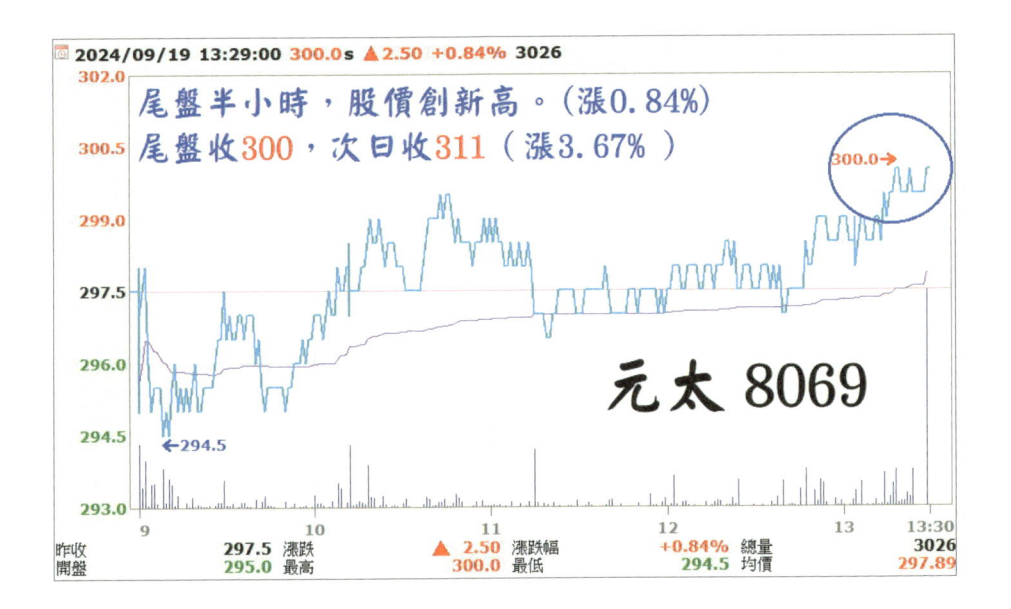

> 尾盤半小時，股價創新高。（漲0.84%）
> 尾盤收300，次日收311（漲3.67%）

（資料來源：XQ全球贏家）

圖23-2　以「原相」（3227）為例，盤中❸是高手在尾盤的買點。

（資料來源：XQ全球贏家）

PART 2　投資該知道的基本理論　061

24 「蟑螂理論」是什麼？怎麼處理才好？

　　「蟑螂理論」據說是Google公司高級經理人桑德爾・皮查伊（印度人，1972年7月12日生）提出的。他曾用一家餐館廚房發現蟑螂的故事來說明。當時，一隻蟑螂突然不知何時、從什麼地方飛落在一位女士手上，她開始非常恐懼地尖叫，終於甩開蟑螂，卻落在另一位女士身上，場面再次陷入一片慌張。最後，服務員冷靜地用手抓住了蟑螂，並把它扔到了垃圾桶。桑德爾・皮查伊說，其實這不是蟑螂的問題，而是當那些女士沒有能力處理問題（蟑螂）時，才會這麼緊張。

蟑螂之間會相互傳染，同類個股也不例外

　　蟑螂有一種習性，就是一隻蟑螂死後，別的蟑螂會一點點的蠶食死亡蟑螂的軀體。當中毒的蟑螂死後，別的蟑螂又會相繼中毒，直到全部死亡。股市中也有與「蟑螂之間會相互傳染」的效應，叫做「蟑螂效應」（也稱為「蟑螂理論」）。當同類股出現很多跌停板時，其餘的個股也會受影響大跌。請見圖24-1，「遠雄」（5522）曾因打房政策的利空而率先跌停。再看圖24-2，同一天的「建材營造」類股，也多半中箭落馬！這就是「蟑螂理論」。但面對這種局面，也有冷靜的投資人會立刻停損且不驚慌。

圖24-1 以「遠雄」（5522）為例，它在2024年9月20日因打房政策的利空而率先跌停。

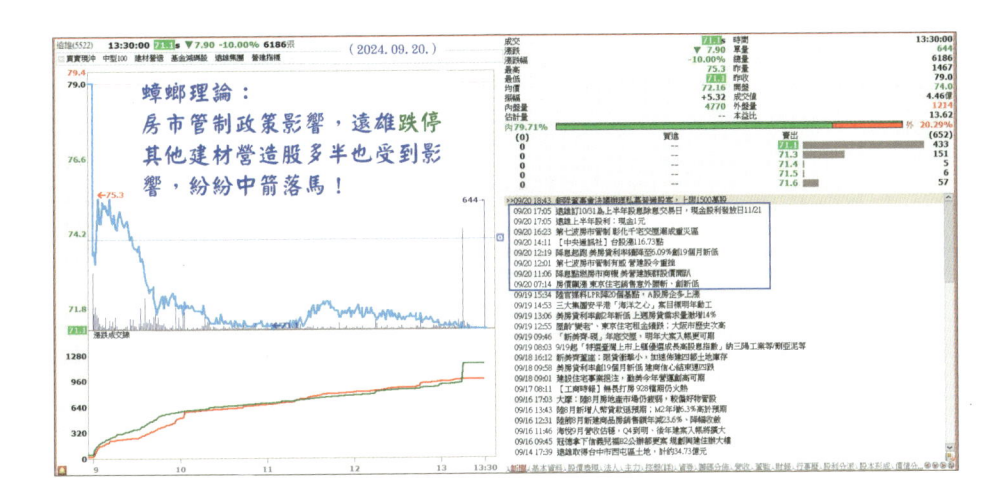

（資料來源：XQ全球贏家）

圖24-2 「建材營造」類股在2024年9月20日互相影響，造成一堆跌停板的局面。

代碼	商品	成交	漲跌	漲幅% ▲	單量	總量	時間
5522	遠雄	71.1s	▼7.90	-10.00	644	6186	13:30:00
2545	皇翔	58.5s	▼6.50	-10.00	95	5250	13:30:00
6177	達麗	54.1s	▼6.00	-9.98	83	7785	13:30:00
2520	冠德	47.60s	▼5.20	-9.85	805	16861	13:30:00
2524	京城	110.0s	▼12.00	-9.84	50	4816	13:30:00
1442	名軒	69.7s	▼7.60	-9.83	142	6979	13:30:00
1808	潤隆	121.0s	▼13.00	-9.70	114	12801	13:30:00
5534	長虹	99.0s	▼10.50	-9.59	127	6052	13:30:00
2542	興富發	49.20s	▼5.00	-9.23	4829	41172	13:30:00
2540	愛山林	117.0s	▼10.00	-7.87	2702	8399	13:30:00
2504	國產	49.85s	▼3.55	-6.65	1574	14431	13:30:00
2501	國建	25.15s	▼1.65	-6.16	687	12362	13:30:00
2530	華建	40.80s	▼2.50	-5.77	7185	10612	13:30:00
3703	欣陸	31.20s	▼1.65	-5.02	191	3594	13:30:00
2597	潤弘	142.5s	▼6.50	-4.36	108	1460	13:30:00
2548	華固	132.5s	▼5.50	-3.99	369	3662	13:30:00
2515	中工	12.50s	▼0.50	-3.85	825	21628	13:30:00
2539	櫻花建	53.9s	▼1.70	-3.06	505	4642	13:30:00
2543	皇昌	73.6s	▲1.10	+1.52	813	13052	13:30:00
2923	鼎固-KY	34.10s	▲2.45	+7.74	5	361	13:30:00

（資料來源：XQ全球贏家）

PART 2　投資該知道的基本理論

25 「相反理論」是什麼？為什麼要反市場操作？

說到「相反理論」，就令人想到巴菲特的名言：「在別人貪婪時恐懼，在別人恐懼時貪婪。」這不就是「相反理論」嗎？也有人把這種理論的操作方法，稱為「反市場操作」。所謂「人取我棄，人棄我取」，古代中國經濟學家計然就曾說過一種經營方法：在沒雨、乾旱時反而應該製造舟船；到雨季時反而應該製造陸地上的車子，這才能掌握貨物價格漲跌的道理。股市也一樣，熱門時股價必高，冷門時股價才可能撿便宜。看來中西方做生意的理論頗為契合。

獨排眾議能有成就，背後有高明的盤算

有人問，海龜交易法則為什麼公開分享，自己賺不更好？發明人就說過，即使有人照做，也未必有辦法賺到錢，原因是有些學習者並不了解背後的推理邏輯。反市場操作，並非莫名其妙的「逆向操作」，而必須建立在有潛力的推理因素。請看圖25-1，2024年9月20日因打房政策的利空影響，建材營造的跌幅是各類股中最嚴重的。圖25-2顯示，「建材營造」類股在同一天大跌中，「鼎固-KY」（2923）卻一枝獨秀。這樣的操作不一定是對的，但一定有其推理（例如外資連6買）的邏輯。

圖25-1 在2024年9月20日因打房政策的利空影響，建材營造的跌幅是各類股中最嚴重的。

類股名稱	時間	指數	漲跌	漲幅% ▼	成交值	成交比重%	平均比重%	比重差%
化學生技醫療	13:35	145.48	▲ 1.17	+0.81	171.47	3.72	3.14	+0.58
電子	13:35	1185.14	▲ 9.30	+0.79	2949.15	63.91	63.10	+0.81
汽車	13:35	400.16	▲ 2.29	+0.58	44.89	0.97	2.01	-1.04
紡織纖維	13:35	660.21	▲ 3.34	+0.51	27.52	0.60	0.49	+0.11
金融保險	13:35	2070.15	▲ 8.63	+0.42	291.50	6.32	5.52	+0.80
鋼鐵	13:35	133.37	▲ 0.56	+0.42	91.98	1.99	0.99	+1.00
食品	13:35	2348.79	▲ 9.19	+0.39	15.34	0.33	0.37	-0.04
航運業	13:35	182.29	▲ 0.11	+0.06	96.90	2.10	2.63	-0.53
水泥	13:35	159.08	▲ 0.06	+0.04	9.85	0.21	0.21	+0.00
塑膠	13:35	146.80	▲ 0.03	+0.02	28.63	0.62	0.79	-0.17
電器電纜	13:35	107.99	▼ 0.01	-0.01	9.72	0.21	0.29	-0.08
玻璃陶瓷	13:35	46.37	▼ 0.01	-0.02	1.64	0.04	0.03	+0.01
造紙	13:35	321.45	▼ 0.14	-0.04	1.73	0.04	0.05	-0.01
觀光餐旅	13:35	120.01	▼ 0.24	-0.20	3.66	0.08	0.10	-0.02
貿易百貨	13:35	315.86	▼ 0.73	-0.23	19.13	0.41	0.37	+0.04
其他	13:35	365.56	▼ 1.35	-0.37	62.91	1.36	1.02	+0.34
電機機械	13:35	400.52	▼ 1.71	-0.43	243.19	5.27	6.33	-1.06
橡膠	13:35	284.09	▼ 1.32	-0.46	12.51	0.27	0.17	+0.10
>>建材營造	13:35	589.73	▼ 39.38	-6.26	145.50	3.15	1.87	+1.28

大跌

（資料來源：XQ全球贏家）

圖25-2 「建材營造」類股在2024年9月20日大跌中，「鼎固-KY」（2923）卻一枝獨秀。

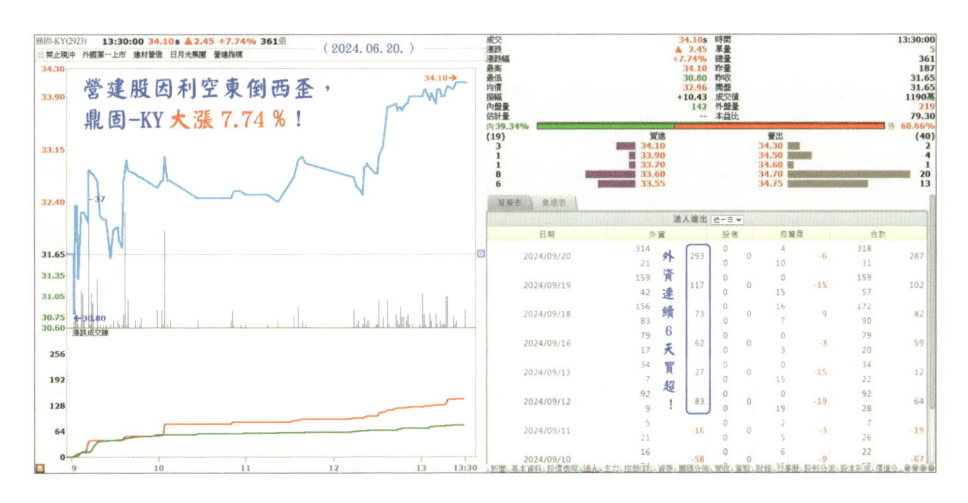

營建股因利空東倒西歪，鼎固-KY大漲7.74％！

外資連續6天買超！

（資料來源：XQ全球贏家）

PART 2　投資該知道的基本理論　065

26 「死貓跳理論」是什麼？

　　死貓會反彈嗎？「死貓跳」一詞，據說首次出現在Chris Sherwell和Wong Sulong於1985年12月7日在《金融時報》上發表的一篇文章中。原文把「死貓反彈」用來描述新加坡和馬來西亞股市大幅下跌後的反彈。重點是：「雖然暫時出現了買盤，但這次上漲，有可能只是技術面的反彈，必須警告說，不要誤以為市場的下跌已經結束。」一位經紀人立刻表示說：「這就是我們所謂的死貓反彈。」這個詞語意思是在股票價值大幅下跌後，價值會暫時上升，但不會長久。

搶反彈如搶銀行，不論搶沒搶到都得逃

　　台語「軟軟馬也有一步踢」，意思也是說再怎麼下跌，也總有反彈的一刻。如同一隻死貓從很高的地方掉下來，也會彈起。「死貓跳理論」描述的金融現象，從技術線形來看，也是如此。請看圖26-1以「新美齊」（2442）為例，連結❶❷，再連結❸❹，可以看出這是一個向下的通道。❺是反彈的高點，❻果然繼續跳空而下了。圖26-2以「南港」（2101）為例，也是一樣，連結❶❷，再連結❸❹，可以看出這是一個向下的通道。❺是反彈的高點，❻果然繼續跳空而下了。

圖26-1　以「新美齊」（2442）為例，說明「死貓跳」理論。

（資料來源：XQ全球贏家）

圖26-2　以「南港」（2101）為例，說明「死貓跳」理論。

（資料來源：XQ全球贏家）

27 「反射理論」怎麼說明市場與投資者的關係？

　　「反射理論」（theory of reflexivity）是喬治・索羅斯（George Soros）的主張。他在1930年生於匈牙利布達佩斯，1947年移居英國，並在倫敦經濟學院畢業。1956年去美國，在美國通過他建立和管理的國際投資資金積累了大量財產。最重要的是，他因在1992年擊敗了英倫銀行而成名。

　　索羅斯可說是個狠角色，經歷過三次經典狙擊戰：❶和他的量子基金是世界上最著名的對沖基金之一。❷他堅持認為市場永遠都是錯的，並且堅持從市場的錯誤中獲利。❸他在做空英鎊、泰銖、日元的過程中獲得了巨大收益。所以他被視為「做空大鱷」。

市場與投資者，勢必一直相互影響下去

　　目前已94歲的索羅斯認為，反射理論是指「投資者」與「市場」之間的一個互動影響。金融市場與投資者的關係是：投資者根據掌握的資訊和對市場的了解，來預測股市走勢和操盤，而這樣的動作

　　也反過來影響、改變了市場原來可能出現的走勢。這兩者之間，會不斷地相互影響。簡單地說，某甲的行為刺激了某乙，同時改變了某乙。某乙早晚也會回過頭來刺激了某甲，並改變某甲。

圖27-1　金融市場反射理論的關鍵論點。

1.	市場價格永遠是錯的	索羅斯認為，反射理論是指「投資者」與「市場」之間的一個互動影響。現有的分析工具，根本不可能準確預測股價走勢和座標位置。因為這與市場參與者的預期有偏差，而這種偏差又勢必影響交易活動的進程，綜合來說，這不是目前的預期可能與將來事實相符合，而是未來的事件會被目前的預期所塑造。
2.	認為美元會漲就進場	投機者們認為美元會漲，他們就進場買美元，其結果使美元利息降低，刺激了經濟，帶來美元應該漲得更高的想法。用這個理論來解釋股市的走勢，當大家看好某檔股票時，由於追捧的結果，會使股票升高。既然升高，又會使得更多的人追捧，這就是為什麼股票走勢一旦開始，就不容易馬上結束的原因。
3.	反射會形成雙向聯繫	「反射」是指經濟活動參與者的動機，會產生一種雙向聯繫。這種雙向聯繫，會讓參與者期望了解、預見事件的未來情況，並根據這些預見、期望採取行動。另一方面，當預見和期望付諸實踐時，反過來又會影響可能的未來情況。透過這種雙向聯繫，參與者的思想與其所處境況，將形成變幻莫測的關係。
4.	公司派不會賣光股票	索羅斯用大筆資金買進某一檔股票，這時該公司本可以賣光持股、離開股市，讓索羅斯套牢。但是，索羅斯的反射理論就堅決認為公司派根本不可能賣光股票。相反的，他堅決認為，該公司甚至還會運用寬鬆的資金進行擴廠或購併的行動，以提高公司的獲利率，於是，這就會回過頭來使得股價更創新高。

（製表：方天龍）

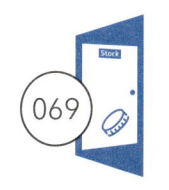

28 「雞尾酒會理論」可否應用在台股大盤？

　　「雞尾酒會理論」源於投資大師彼得・林區（Peter Lynch，生於1944年）的故事。他經手的基金市值曾在13年內翻了29倍，被美國基金評等公司評為「史上最傳奇的基金經理人」，同時也是「全球最佳選股者」。據說彼得・林區從參加雞尾酒會的經歷上，悟出了「雞尾酒會理論」。他把雞尾酒會中賓客對股票的反應，準確地研判出多頭行情中四個不同階段的演變。我們就用台股大盤來解說吧！

連股市小白都向專家報明牌，大盤就沒救了

　　請看圖28-1，這是以大盤為例的「雞尾酒會理論」示意圖。圖中❶是下跌趨勢，成交清淡，❷是第一階段起漲點，彼得林區在介紹自己是操盤人時，人們只與他碰杯致意就走開了。到了❸第二階段漲勢，人們也只與他聊上幾句，然後還是走開了。到❹漲勢明顯，已是第三階段，人們紛紛圍過來問明牌。到❺第四階段，股市大漲了，明牌滿天飛，連股市小白也主動向他報明牌，忘了他才是股市專家，❻股市過熱開始下跌。再看圖28-2以「加權指數」（TSE）為例的4階段融資餘額示意圖。我們可以發現融資餘額一直在增加，由1679億暴增到3345億，這表示散戶過度投入，於是行情就結束了。

圖28-1　以「加權指數」（TSE）為例的「雞尾酒會理論」示意圖。

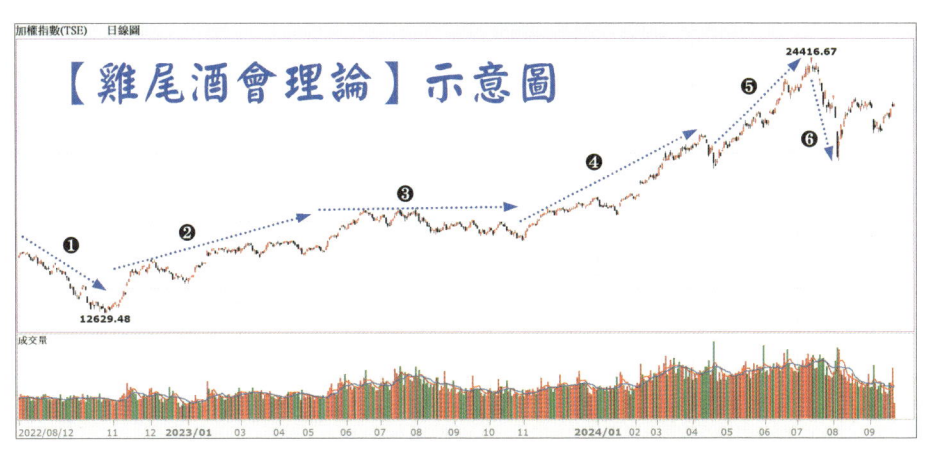

（資料來源：XQ全球贏家）

圖28-2　以「加權指數」（TSE）為例的4階段融資餘額示意圖。

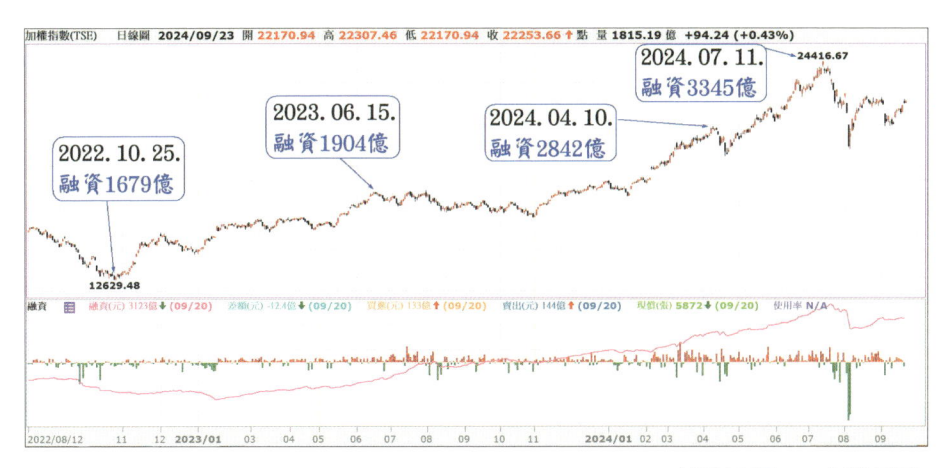

（資料來源：XQ全球贏家）

PART 2　投資該知道的基本理論

29 「股票箱理論」可否以個股來談操作？

　　1920年生的尼可拉斯・達華斯(Nicolas Darvas)，原是一位美國的芭蕾舞星，但他業餘操作股票非常用心，終於發明了一套「股票箱理論」（Box Theory），並寫了一本暢銷書《我如何賺到200萬美元？》，敘說他用3000美元發跡的故事。於是這個理論一夕暴紅。這個理論也叫「箱型理論」或「箱形理論」，如今在台股仍然適用，而且非常簡單易行，值得新手學習。

操作之前，先確認趨勢並設好停損點

　　請看圖29-1，這左右兩圖突破紅框的股價，有可能向上突破；也可能向下跌破。突破箱頂的壓力，股價就容易繼續向上發展；跌破箱底的支撐，股價就容易繼續向下發展。所以，我們首先必須確定股價的「趨勢」。在上升行情裡要做多；在下跌行情裡如果不長於放空，寧可空手觀望，不要做多。

　　再看圖29-2，這是「股票箱理論」的操作方式：以箱型的低點為「停損點」。如果股價突破高點，可以買進，同時移到第二個股票箱來觀察，並把停損點移到這個股票箱的低點，作為新的停損點。如果股價能再突破新的股票箱高點，就可以加碼買進。

圖29-1 股票箱理論的基本型態。

股票箱理論的基本型態

向上突破　壓力（箱頂）
　　　　　支撐（箱底）

向下跌破

（繪圖：方天龍）

圖29-2 股票箱理論的操作方式。

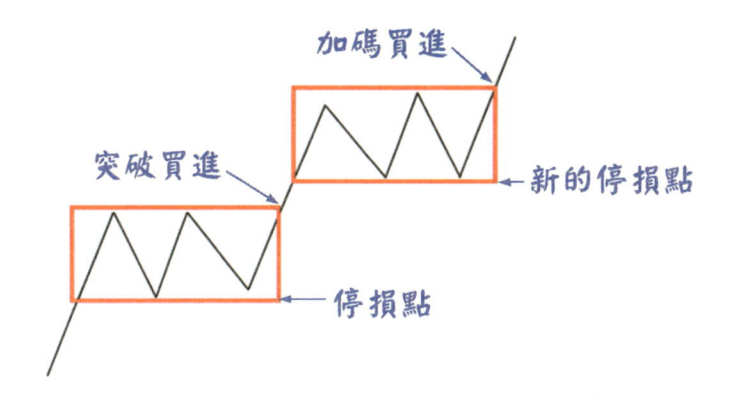

加碼買進
突破買進　新的停損點
停損點

（繪圖：方天龍）

30 「黃金分割率理論」是什麼？

「黃金分割率」（GoldenSection）也叫做「黃金切割率」，來自希臘非常神秘的數字0、1、2、3、5、8、13、21、34、55………，筆者的358均線理論也是得自費氏費波南希系數（Fibonacci numbers）的靈感。現代的股票技術分析專家，又把1切割為0.191、0.382、0.618、0.809等等數字，用以預測股價上漲或下跌的高低點。這個理論意思就是說，當股價漲到1.191、1.382、1.618、1.809倍數時，都會有壓力，同樣的，跌幅達到原股的0.191、0.382、0.618、0.809時，會有支撐。

預測股價漲跌不實際，資訊僅供參考

請看圖30-1，這是由「加權指數」（TSE）的高點24416往下看黃金切割率的數據。再看圖30-2，這是由「加權指數」（TSE）的低點往上黃金切割率的數據。這是用XQ全球贏家的軟體標示出來的，並不需要人工計算。這樣的資訊，其實看看就好，因為股市的操作是很複雜的因素結合而成的。究竟預測股價漲會漲到哪裡？跌會跌到哪裡？並沒有一定的準確性，僅供參考而已。所謂「漲勢，看撐不看壓；跌勢，看壓不看撐。」仔細拿捏這句名言，就知在實戰中所有數據一定要靈活應用才行。

圖30-1　由「加權指數」（TSE）的高點24416往下看黃金切割率的數據。

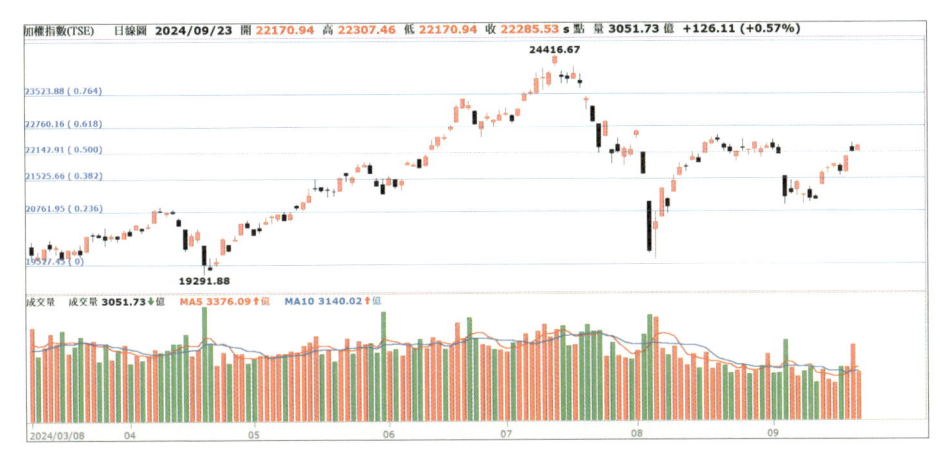

（資料來源：XQ全球贏家）

圖30-2　由「加權指數」（TSE）的低點19291往上黃金切割率的數據。

（資料來源：XQ全球贏家）

PART 2　投資該知道的基本理論　075

31 「長期友好理論」是什麼？

「做多賺得多？」「放空賺得快？」做多、放空都只是金融操作的正常行為而已，無關「好人」、「壞人」。儘管股市有多頭時期，也有空頭時期，贏家也有「多頭不做空、空頭不做多」的經驗之談。不過，英國著名經濟學家凱恩斯則提出「長期友好理論」，認為做長期投資的人必須與股票為友，不要放空，而應做多。換句話說，他認為股價是看漲不看跌的。他在1946年逝世時，留下45萬英鎊的遺產，據說都是長期投資股票（做多）賺來的。

股價長期看漲，各國都如此

請看圖31-1，凱恩斯的「長期友好理論」在台股可說得到了印證。尤其1990年的台股在2月衝上12,682高點後，居然在8個月內摔至2,485點，瞬間蒸發萬點，讓許多投資人面臨嚴重虧損。這件崩盤大事，令人記憶猶新。誰知道，到了2020年，12682的高點仍然被突破了。凱恩斯說的很對，世界各國科技一日千里，而經濟繁榮雖然導致通貨膨脹、貨幣逐漸貶值，而股價卻會不斷上漲，這是不爭的事實。難怪巴菲特說：「如果你不願持有一檔股票10年，最好連10分鐘也不要持有。」

圖31-1 凱恩斯的「長期友好理論」在台股可說得到了印證。

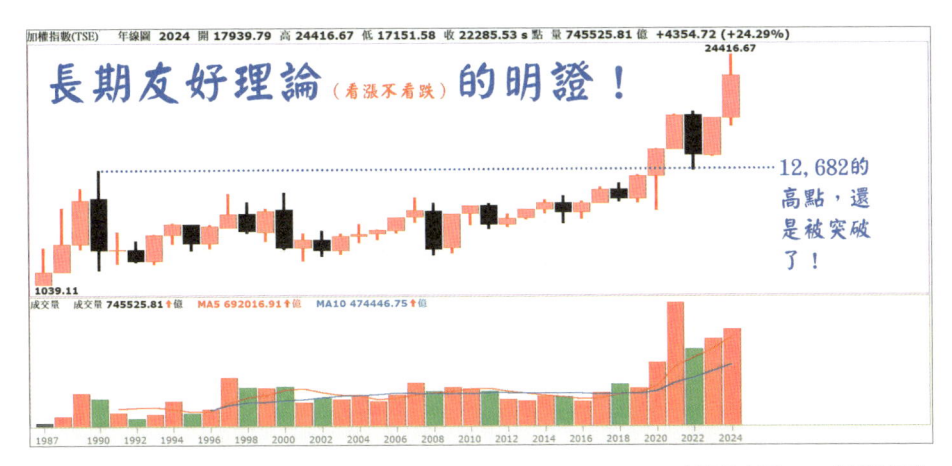

長期友好理論（看漲不看跌）的明證！

12,682的高點，還是被突破了！

（資料來源：XQ全球贏家）

32 「隨機漫步理論」否定技術分析嗎？

　　行情是可以預測的嗎？華爾街是歷史最悠久、規模最大的股市，長久以來就流傳一句名言：「能預知股價三日漲跌者，可為世界首富。」這是反諷，意指行情無法預測，只能判斷。美國財經界有一套股價理論，叫做「隨機漫步理論」（Random Walk Hypothesis）。這套理論是說，股價變化多端，有點像「隨機漫步」似的，根本無法預測。他們做過長期的測試，發現當你買進股票後，漲跌機會各半。

技術分析若有不足，可用籌碼面強化判斷力

　　「隨機漫步理論」學者認為，主要影響股價的是政經消息。其次，市場自有「內行人」的集體共識，所以股價該多少就差不多是多少，相差不遠。學者甚至認為射飛鏢式的選股法，未必比基金經理人績效差！舉例來說，請看圖32-1，以「亞帝歐」（3516）為例，藍框內，股價已連續3天漲停之後出現一根流星，應該是跌，怎麼反而往上呢？再看圖32-2，以「新光金」（2888）的盤中交易明細為例，當多空都有大單祭出時，多空雙方勢均力敵，確實鹿死誰手也很難預測。不過，筆者認為，若將技術面加上籌碼面加以探究，仔細推敲，仍有極高的勝算，並非全然無法判斷的。

圖32-1 以「亞帝歐」（3516）為例，說明技術分析也並非不準，只要用籌碼面研究補足即可。

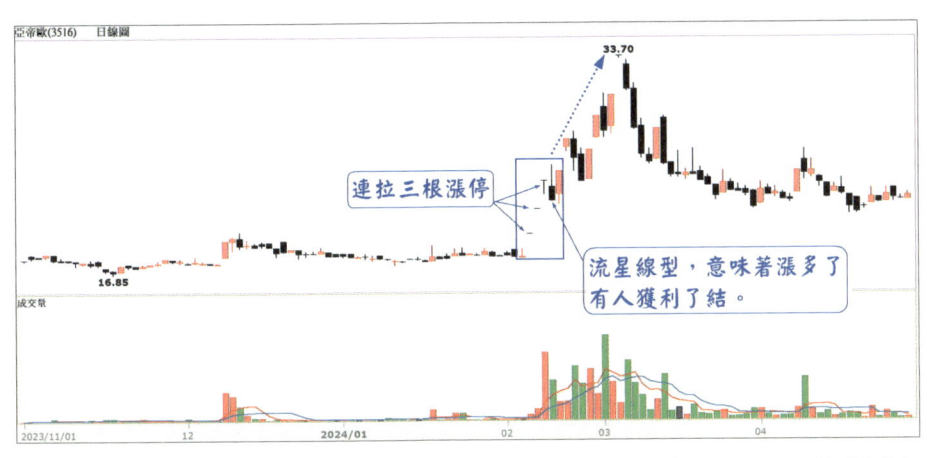

連拉三根漲停

流星線型，意味著漲多了有人獲利了結。

（資料來源：XQ全球贏家）

圖32-2 以「新光金」（2888）為例，當盤中交易明細多空都有大單祭出時，鹿死誰手確實很難預測。

新光金（2888）多空對決非常激烈，從「交易明細」就可以看出來

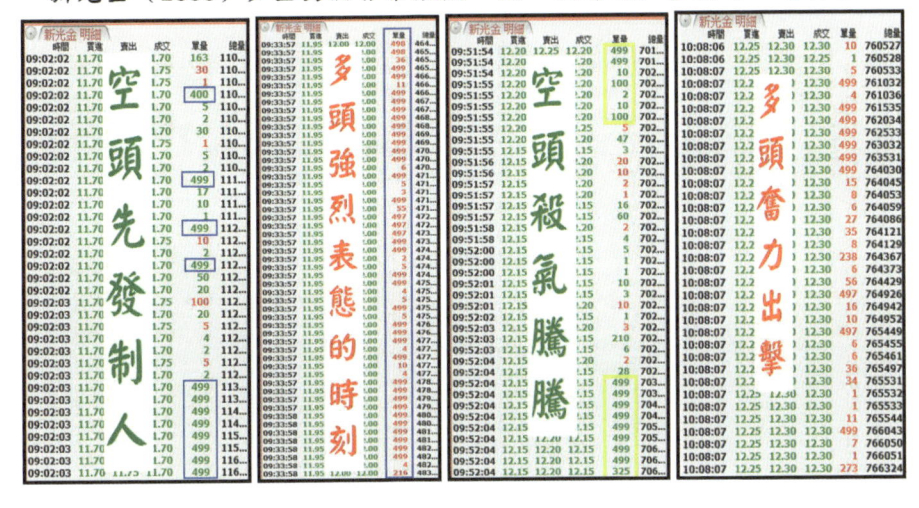

空頭先發制人　　多頭強烈表態的時刻　　空頭殺氣騰騰　　多頭奮力出擊

（資料來源：XQ全球贏家）

PART 2　投資該知道的基本理論　079

PART 3

K線圖型的學習密碼

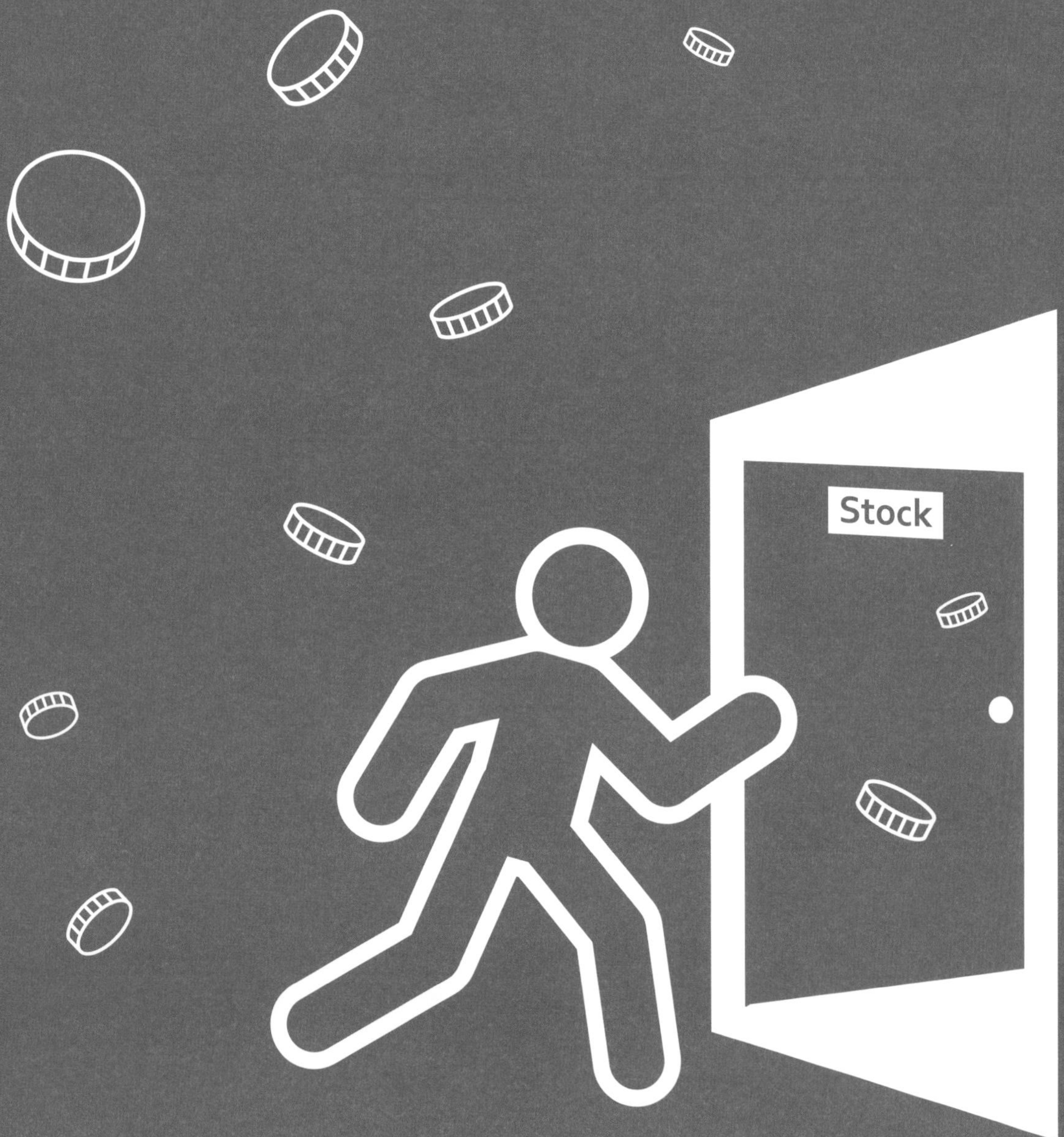
Stock

33 K線圖是怎麼畫出來的？

K線是日本人發明的，這個淵源就不必浪費時間詳述，重要的是我們已可以運用這套K線理論來分析股票、期貨、外匯………等價格走勢，那就夠了。簡單地說，它是將一段時間的K線組合起來，用來記錄一段期間某檔股票價格變化。由於K線的形狀很像蠟燭，所以也叫做「蠟燭線」、「蠟燭圖」、「陰陽線」等等。至於K線圖是怎麼畫出來的呢？找出它的四個價格（開盤價、收盤價、最高價、最低價），就能構成K線。不論年月日，甚至一天的行情，都可以畫出K線圖來。

四個關鍵價格，組成K線的不同風貌

請看圖33-1，這是以「同協」（5460）為例，圖中已非常清楚說明如何畫出當天K線的4個點位。這些元素在我們畫月線圖、週線圖、日線圖時，都能把所畫出來的K線包含在其中。請看圖33-2，這是與圖33-1同一檔股票、同一天所畫出的「日線圖」，我們把4個價位構成紅或黑的K線安置在其中。圖中最後一天，是一個紅K線，代表的是股價上漲，也就是當天收盤價高於開盤價的意思。最後一天的前兩天有一個黑K，它代表的是股價下跌，也就是當天收盤價低於開盤價。

圖33-1 以「同協」（5460）為例，圖中已點出如何畫出當天K線的4個點位。

（資料來源：XQ全球贏家）

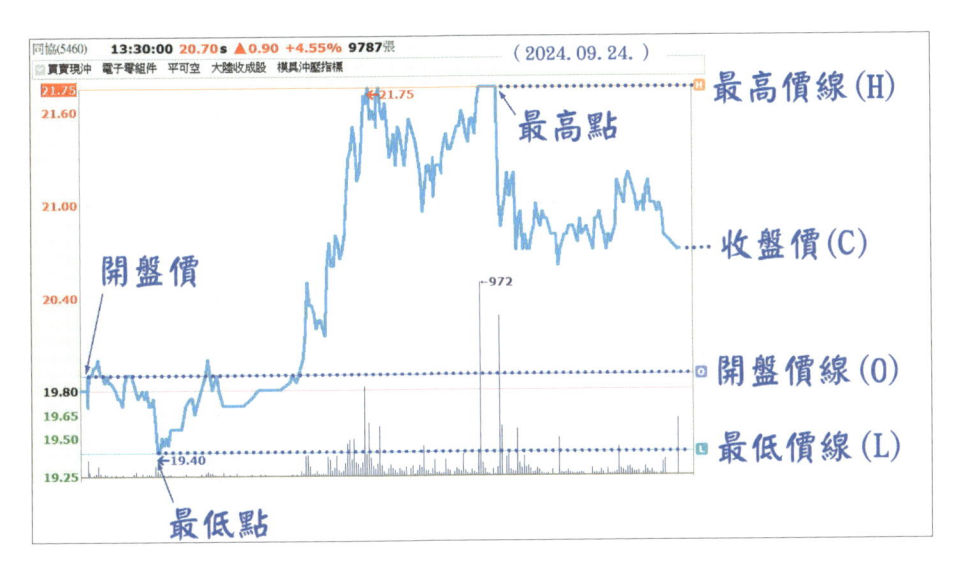

圖33-2 與上圖同股票同一天，說明日線圖如何用4個價位構成紅或黑的K線。

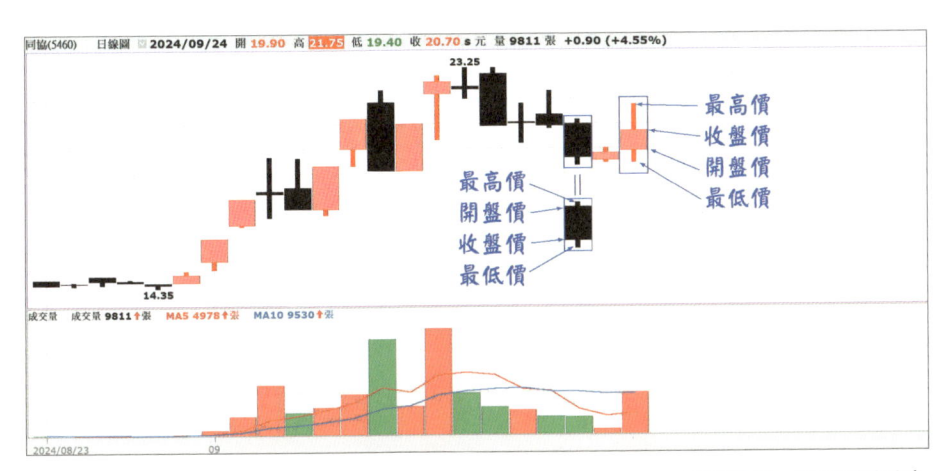

（資料來源：XQ全球贏家）

PART 3　K線圖型的學習密碼　083

34 陽線、陰線，分別有什麼意義？

前一個單元，我們已經說過，K線也叫做「陰陽線」。這個陰線，即指陰暗、失敗，也就是黑色的K線（當天收盤價低於開盤價，有開高走低的意味）；而陽線，代表陽光、成功，也就是紅色的K線（當天收盤價高於開盤價，有向上發展的意味）。

這裡要特別提出的是，新手在認知上很容易犯的一個錯誤就是：價格上的紅、黑，是當天開盤與收盤價格的比較，並非當天與前一天的價格漲跌作比較，而決定顏色紅、黑。

價格與成交量的顏色，在時序上有所不同

那麼，價格漲跌的分辨，是看什麼呢？——看成交量的顏色（紅、綠、黑），那才是與前一天的價格作比較，而呈現出不同的顏色。這一點，部分老手也不很清楚。但在XQ全球贏家的軟體中，則明確將紅色視為「漲」，綠色表示「跌」，黑色則表示「不漲不跌」（與前一天同價收盤）。請看圖34-1，看「成交量」的顏色，圖中❶❷都表示漲，❸❹❺❻表示跌，❼不漲也不跌。至於「價格」的顏色，就都如前述的「開盤與收盤的比較」。再看圖34-2，框起來的部分全是紅色。你能分辨其中的意義了吧！

圖34-1 以「華通」（2313）為例，價格與成交量的顏色各有不同的意義。

（資料來源：XQ全球贏家）

圖34-2 「低檔五連陽」表示天天漲，當天收盤都高過開盤價，這樣的組合未來偏多。

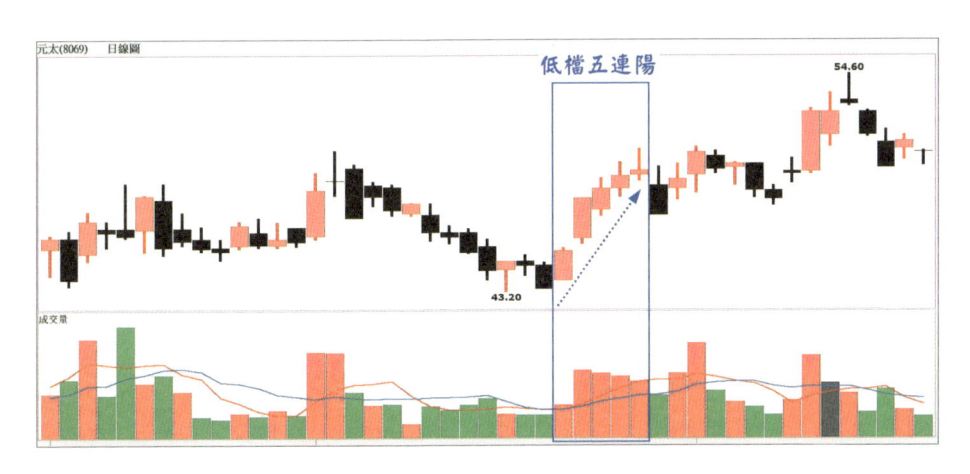

（資料來源：XQ全球贏家）

PART 3 K線圖型的學習密碼

35 上影線與下影線，各代表什麼？

通常一檔股票，多半是由實體和上、下影線所形成。實體部分越長表示訊號越可靠。好比漲停板的K線就很長。還有另外一種實體特別短，但股價卻是漲停板的「一字型漲停板」，那就是強中之強，因為當天根本就沒有第二種價位，哪能不強？

此外，實體的上方沒有上影線的，叫做「光頭」紅K或黑K；沒有下影線的，叫做「光腳」紅K或黑K。請看圖35-1，這三種圖形如果我們以收盤價來「蓋棺論定」，就彰顯了K線＋上下影線的磁場威力！最左邊的是「空方壓力不小」，中間的是「多方陣營龐大」，右邊的則是「多空平分秋色」。

組合式K線位階的判斷，比觀察單一K棒有效

不過，筆者比較不贊成用單一K線來論斷行情。因為它在不同的位階，可能會有不同的結果。請看圖35-2，以「元大台灣50」（0050）為例，在202.8的高點跌下後，終於在❶處出現跳空、大量，已有止跌跡象。到了次日❷量更大，一根長下影線的十字線，站上了前一日的高點之上。外加❸的收盤價已高過了前一天的高點，這表示一路下跌的慣性已改變，果然在158.4的低點之後，再也沒有更低點。

圖35-1 三種圖形如果以收盤價來「蓋棺論定」，就彰顯了K線+上下影線不同的磁場威力！

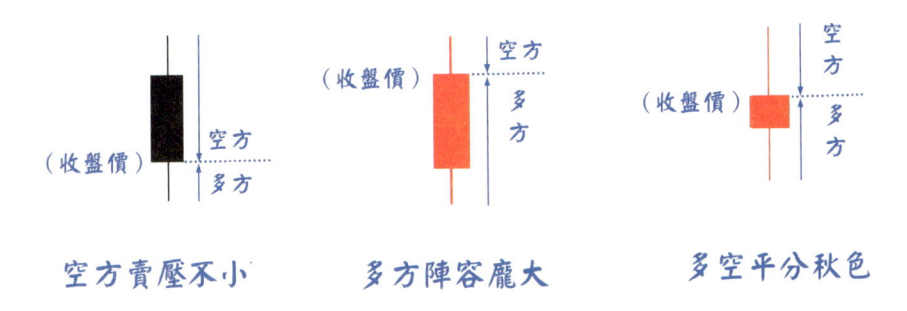

（收盤價） 空方 多方　　（收盤價） 空方 多方　　（收盤價） 空方 多方

空方賣壓不小　　　　多方陣容龐大　　　　多空平分秋色

（繪圖：方天龍）

圖35-2 以「元大台灣50」（0050）為例，說明在日線圖中K線的下影線功能。

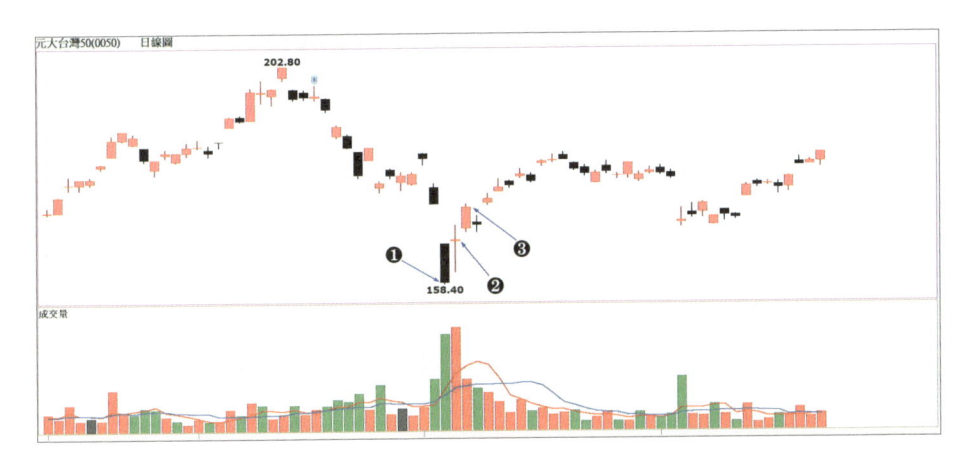

（資料來源：XQ全球贏家）

PART 3　K線圖型的學習密碼

36 十字線、一字線，有它們的意義嗎？

「十字線」也是單一線型的一種，筆者一直強調，在看盤時，不必太看重單一線型的力量。有時連續兩三根十字線，反而比較好判斷（有加強作用）。不過，多條線的觀察，那是屬於「組合K線」的範圍。這種組合的K線型態，比較有經過統計學的驗證，所以比較可靠。

十字線指的是當天多方與空方的力量「勢均力敵」。如果股價上漲到高處才出現這種多空對峙的結果，是轉折向下的徵兆。反之，跌到低檔則是轉折向上的變盤線。圖36-1，有更詳細的剖析。

十字線意味變盤，一字線股性強悍

再看圖36-2，這是以「新零售」（3085）為例，說明「一字型」線型在實戰中的情況。「一字型」和「十字線」不同的是，前者沒有上影線和下影線，且它的實體只有「一」的細線，也就是說，它的當天開盤價、收盤價、最高價、最低價都是同一個價格，不是漲停板，就是跌停板。這種單一K線如果連續出現好幾根，就是飆股，不是向上飆，就是向下飆。「新零售」日線圖的❶❷❸❹連漲4根停板，❺也是開漲停，卻是開高走低。❻就正式下跌了。所以太多一字型的K線出現，也要小心應付。

圖36-1 十字線的三種類型及所包含的意義。

	類型	看盤觀察與判斷
1.	標準十字線	多空拚搏，最後收盤價呈現和開盤價一樣價格，堪稱勢均力敵。這種線型，也叫做「變盤線」或「轉機線」。它如果出現在低檔，可能變盤向上；出現在高檔，則向下機率較高。
2.	上影線比下影線長的十字線	股價的變化是先下後上，在下方的時間很短，不久就衝高，可惜最後仍再度被拉回和開盤價一樣的水準。這種線型表示高檔始終有人想賣，賣壓沉重有時是「獲利了結」的徵兆。
3.	下影線比上影線長的十字線	股價的變化是先上後下，但在當天的高處立刻被殺得很深，但來到下方卻有一股承接的力量，把股價再度拉到和開盤價一樣的水準。下檔的承接力道如果夠強，就有止跌的可能。

（製表：方天龍）

圖36-2 以「新零售」(3085)為例，說明「一字型」線型在實戰中的情況。

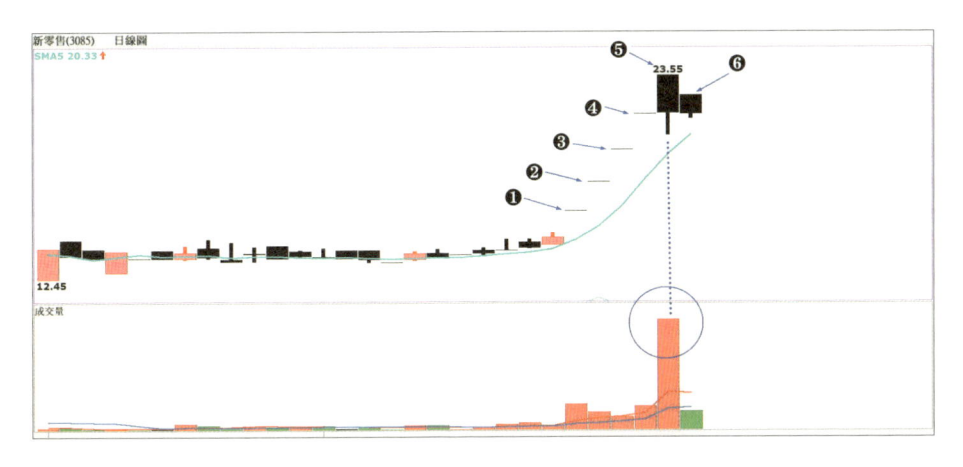

（資料來源：XQ全球贏家）

PART 3　K線圖型的學習密碼

37 T字線、倒T字線，隱藏有什麼意思？

不知您童年有沒有玩過用兩個竹片做成「T字型」、雙手搓一搓底下的竹片，它就會飛起來的玩意兒？在股市中有一種「T字線」，彷彿是一隻會飛的蜻蜓，所以也叫做蜻蜓十字線。「T字線」指的是開盤價和收盤價一樣，雖然沒有實體，當盤中回落到最低點時，最後收盤卻能「飛」回開盤價。

當「T字線」倒過來時，就有點像一個墓碑似的，所以「倒T字線」也叫做「墓碑十字線」。「倒T字線」也是開盤價和收盤價一樣、沒有實體，盤中即使上漲到最高點，最後也會跌回開盤價的位置。

T字倒T字，高檔有壓低檔有支撐

「T字線」和「倒T字線」如果出現在高檔，多半會向下發展；出現在低檔，則都有可能翻身向上。請看圖37-1倒T字線（圖中的❷）在相對高檔時被跌破，未來就有回落的行情。圖中的❶還是長紅，在❷之後的❸❹就下跌了，同時跌破❷的低點，導致後來產生了一大段下跌行情。再看圖37-2，T字線（圖中的❸）在相對低檔時有支撐，反彈後股價再拉回也不易跌破其低點。圖中❶❷還是向下的趨勢，❸就止跌了，❹❺❻隱然向上，到❼回測都沒有跌破❸的低點，顯然行情已轉空為多了！

圖37-1　倒T字線（圖中的❷）在相對高檔時被跌破，未來恐有回落的行情。

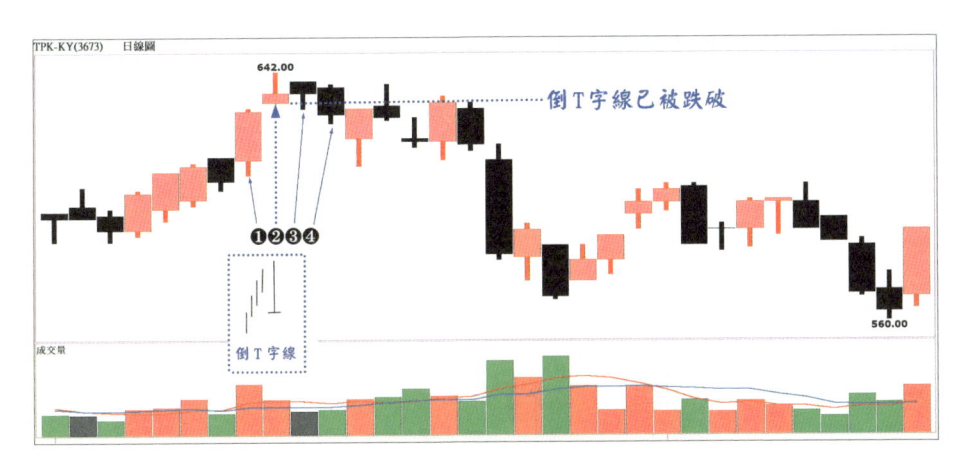

圖37-2　T字線（圖中的❸）在相對低檔時有支撐作用，反彈後股價再拉回也不易跌破其低點。

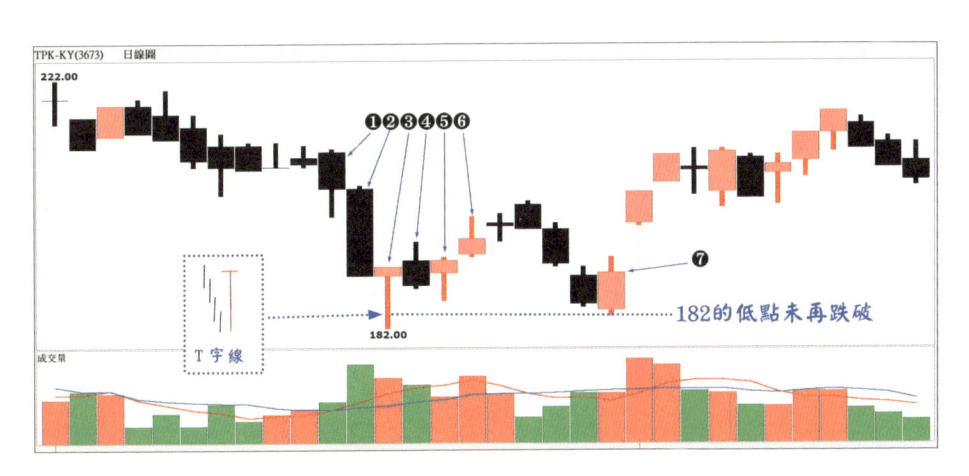

38 日K線圖，使用的時機是什麼？

　　日K線、週K線、月K線，是三種最常用的K線圖，它們分別代表不同期間內股價的變化。其中，日K線圖是表示每日股價的變動狀態線圖，每一根K線都含有當天的最高價、最低價、開盤價、收盤價的資訊，通常日線圖都被使用在短線的投資上。如果想追蹤每天的股價變化，或觀察近期股價是屬於多方或空方佔優勢，日K線圖是最普遍也最有效的線圖。

還原日線圖，較能反映價格真實面貌

　　關於「日K線圖」，到底該看「日線圖」還是「還原日線圖」呢？這一向是我最常被問到的問題。請看圖38-1，這是「勤益台灣精選高息」（00919）的「日線圖」。再看圖38-2，這是「勤益台灣精選高息」（00919）的「還原日線圖」。前者在該圖❶與❷（除息日）之間有一個跳空缺口，而後者在該圖❶與❷（除息日）之間卻沒有缺口。所以看技術線形很容易誤判。這時，最好用「還原日線圖」來看，那才會「還原股價」──就是把除權息的部分價格再加回去，於是K線圖的缺口很可能就不見了！這樣K線的呈現才會是真實的情況。使用技術分析來評估多空走勢時，才能得到正確的判斷。

圖38-1 這是「群益台灣精選高息」（00919）的「日線圖」。

（資料來源：XQ全球贏家）

圖38-2 這是「群益台灣精選高息」（00919）的「還原日線圖」。

（資料來源：XQ全球贏家）

PART 3 K線圖型的學習密碼

39 週K線圖，使用的時機是什麼？

「週K線圖」指的是以「一週」為單位，且用一根K線，來顯示股價短期的變動情況，換句話說，它最初的價格就是它過去一週第一天的開盤價，自然該週也有當週內的最高價和最低價，以及當週最後一天的收盤價。比起「日K線圖」來說，週K線較不易被每天的上下波動所影響，同時可以看出股價大致上的表現究竟是漲、跌，還是橫盤。一根週K線的形成需花上一週的時間構成，所以可以作為操作策略比較可信的多空方向。一般常見的週均線參數是20週，或18、22週。

操盤要先抓住大趨勢，週K線圖是理想參考指標

比較穩健的投資高手，通常不只看日K線圖，同時也會看週K線圖，才決定要不要出手。因為有時日K線圖已經多頭排列了，而週K線圖卻還沒有形成多頭架構。這樣的走勢有時會是「假突破」的徵兆。只有日、週線都是多頭排列，才是可靠的買進訊號。請看圖39-1，這是以「萬海」（2615）為例，點出適合買進的位置，是在相對低檔、放量且突破20週線的時候。再看圖39-2，這是以「艾華」（6204）為例，點出適合賣出的位置，是在相對高檔、收黑且跌破20週線的時候。

圖39-1　以「萬海」（2615）為例，適合買進的點位，是在相對低檔、放量且突破20週線的時候。

（資料來源：XQ全球贏家）

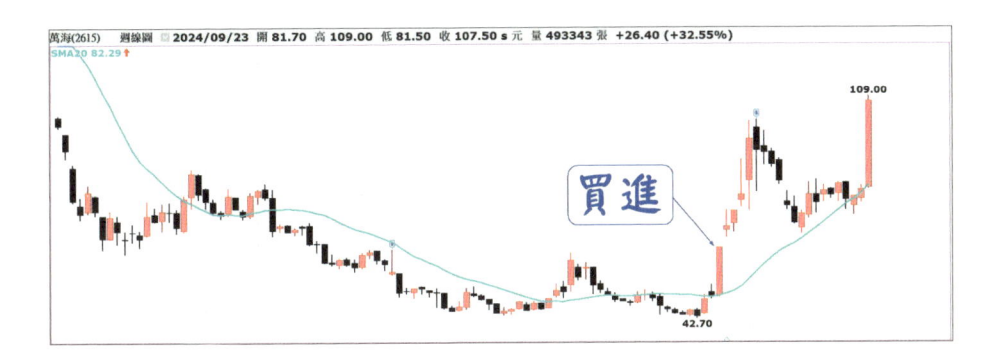

圖39-2　以「艾華」（6204）為例，適合賣出的點位，是在相對高檔、收黑且跌破20週線的時候。

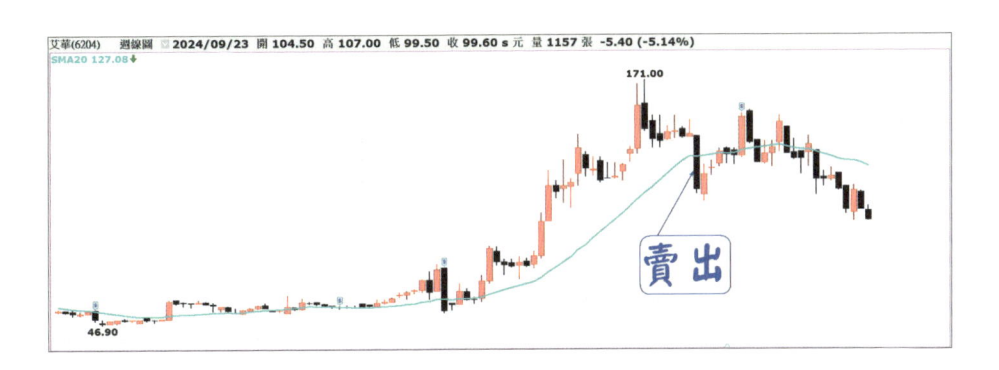

（資料來源：XQ全球贏家）

40 月K線圖，使用的時機是什麼？

　　如果您聽說某一位老師強調他只用一根K線，就在操作股票，那不用看，就知道他用的是「月K線圖」。以一個月為單位表示股價的變動。可看出「中期」的股價變動。

　　「月K線圖」和「週K線圖」一樣，每個月最初的價格就是它的開盤價（如果沒遇到假日，那就是該月1日的開盤價），收盤價則是月底最後一天的收盤價。不過，「月K線圖」雖然是適合中期投資者的看盤工具，然而它也有落後指標的缺點，同時受短期價格劇烈波動的影響，也容易誤判。

月K線圖時效慢，最好搭配KD看盤

　　「月K線圖」最可取的是提供了一個趨勢大方向，不過，「月K線圖」如果完全是多頭行情時，股價多已漲翻天了。所以，月K線圖最好能配合KD指標的訊號。請看圖40-1，這是以「聯鈞」（3450）為例，用「月K線圖」選擇買進點的最佳位置。圖中的買進點，K不但大於D，而且都已超過50了，這就是很好的買點。再看圖40-2，這是以「昱展新藥」（6785）為例，用「月K線圖」選擇賣出點的最佳位置。因為賣出點的前一天，K值已由81.23%跌落到當天的62.48%，且呈現「死亡交叉」了！

圖40-1　這是以「聯鈞」（3450）為例，用「月K線圖」選擇買進點的最佳位置。

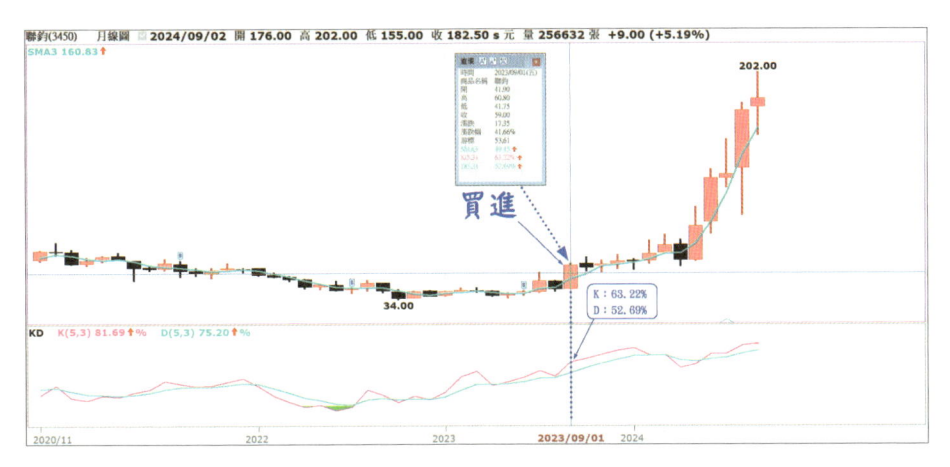

（資料來源：XQ全球贏家）

圖40-2　這是以「昱展新藥」（6785）為例，用「月K線圖」選擇賣出點的最佳位置。

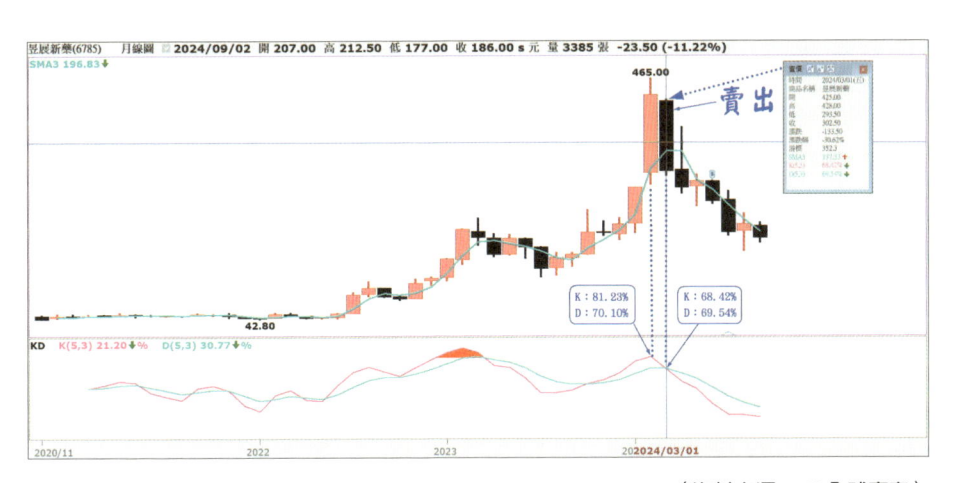

（資料來源：XQ全球贏家）

PART 3　K線圖型的學習密碼　097

41 趨勢線怎麼畫出來？

有長期操作股票經驗的人都知道，趨勢最大。可以這麼說：趨勢＞籌碼＞型態＞K線。由於「趨勢最大」，所以當趨勢屬於多頭的時候，我們手上都應抱有股票；趨勢一旦轉空時，我們決不該輕易上車，尤其空頭格局時，不但不應該上車，反而還應該利用反彈的高點放空！這才是良好的操作策略。換句話說，「多頭不做空，空頭不做多」才不會受到傷害。至於趨勢線如何畫出來呢？取一段行情的上下兩個高點、兩個低點各畫出一條線，再看它的方向是向上、向下或走平，就知道了。

平常要懂得盤勢，操作時不致逆向行駛

請看圖41-1，這是以「華星光」（4979）為例，分析一天的四個階段的趨勢：❶是上升。❷是下跌。❸是盤整、走平。❹下跌。新手必須經常自己如此分析，才會漸漸對盤勢「有感」。

再看圖41-2，這是以「大同」（2371）為例，畫出的4條通道。（A）是向上的通道。（B）是向下的通道。（C）是盤整、走平的通道。（D）是向上的通道。

新手不是不會畫線，而是不懂得如此分析行情走勢，所以常常逆向行駛，乃至常常出「車禍」。

圖41-1 這是以「華星光」（4979）為例，分析一天的四個階段的趨勢。

（資料來源：XQ全球贏家）

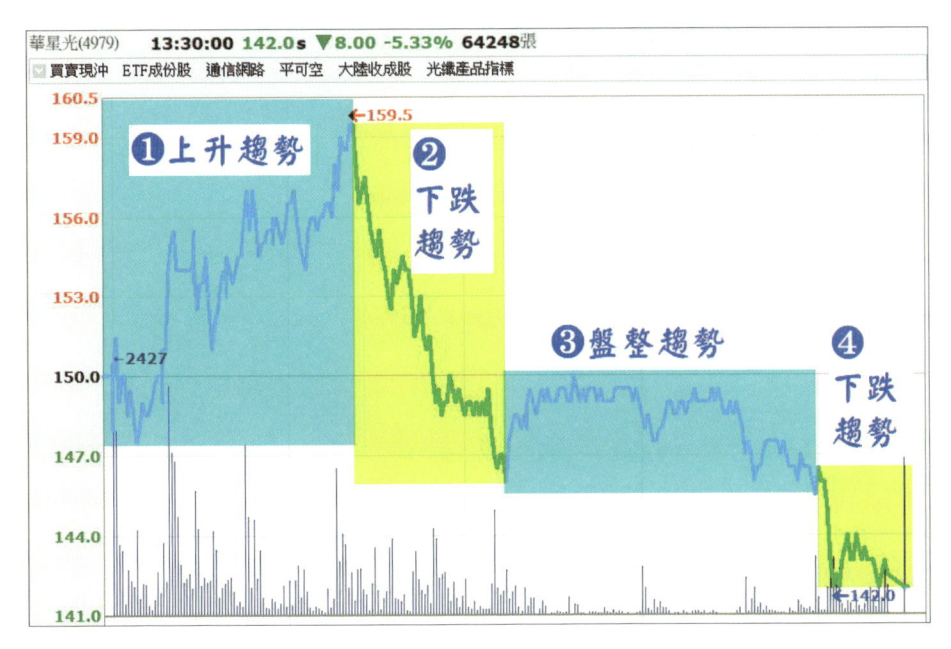

圖41-2 這是以「大同」（2371）為例，畫出的4條通道。

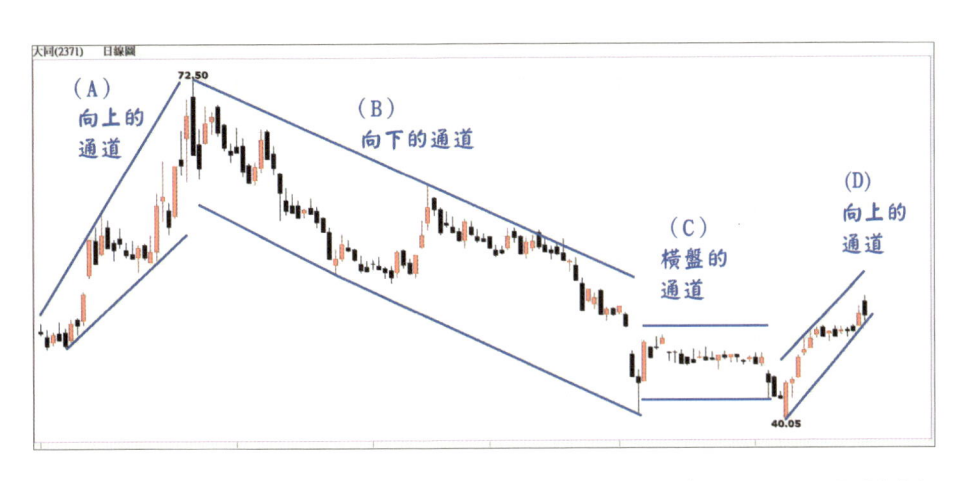

（資料來源：XQ全球贏家）

PART 3　K線圖型的學習密碼

42 如何從趨勢線畫出起漲和起跌點？

已故的德國股神科斯托蘭尼說：「在牛市中，即使最差的投資人也能賺到一些錢；在熊市中，即使挑到好股票，也賺不到錢。因此，「新手看價，老手看量，高手看籌碼，贏家看趨勢。」投資人應該最看重的是**趨勢**，其次才是選股。」趨勢線如何畫出來呢？新手大致都知道取一段行情的上下兩個高點、兩個低點各畫出一條線，再看它的方向是向上、向下或走平。這是最基礎的畫法。其實，還有更多進階的趨勢線畫法，例如找出起漲點或起跌點，或轉折點等等。

畫出趨勢交叉線，可找出頭部和底部區域

請看圖42-1，這是以「尼得科超眾」（6230）為例，找出底部區的方法。在下跌趨勢中，從❶❷兩個高點畫出一條線，然後在這區間的底下低點❸畫一條橫線。這樣兩線就交叉在❹，往下看，底部區就出現了。再看圖42-2，這是以「台光電」（2383）為例，找出頭部區的方法。在上升趨勢中，從❶❷這兩個低點畫一條連線，在這個區段間找高點❸，畫一條橫線，與❶❷交叉在❹，往上就出現頭部。

不論底部或頭部，只是概率較大，技術分析是專家研究出來的，可以相信，不可迷信。

圖42-1 這是以「尼得科超眾」（6230）為例，找出底部區的方法。

（資料來源：XQ全球贏家）

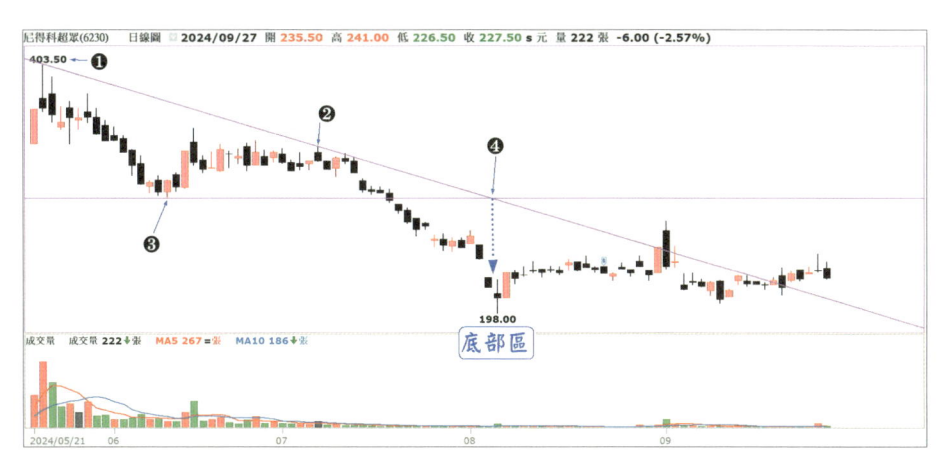

圖42-2 這是以「台光電」（2383）為例，找出頭部區的方法。

（資料來源：XQ全球贏家）

PART 3　K線圖型的學習密碼

43 「漲時不言頂、跌時不言底」，是什麼意思？

「漲時不言頂、跌時不言底」這句話，新手有時不易懂，是因為講解的老師太「學術腔」，無法融會貫通，用白話文告訴你。其實，說穿了，這是因為預測「頂在哪裡」、「底在哪裡」，根本猜不出來，所以重要的不是關心頭部在何處、底部在何處，否則您會陷入「預測」的迷思中。股市的走勢，其實牽扯的是極多的、複雜的因素，包括主力大戶的意志和心態在內。所以，我們散戶只要做好我們的本分（選邊站的角色）即可，步步為營、且戰且走，才是最實際的操作策略。

漲時要看支撐、跌時看壓力，有沒有被破壞

請看圖43-1，這是以「六方科-KY」（4569）為例，在圖中可見一檔飆股連續七個漲停，您能猜出哪一個漲停之後，會被主力殺到跌停嗎？完全猜不出它的高點在哪裡，於是我們「不言頂」（不說頭部在哪裡），只要注意支撐有沒有被破壞即可（例如跌停就會破底，那就不能續抱）。再看圖43-2，以「聯德」（3308）為例，❶是起跌點，❷❸有一個跳空缺口，沒被突破，趨勢就一直向下。❹❺都是假突破。底部在哪裡？不知道，也不管它，我們只要看壓力有沒有被突破即可，能突破才能反敗為勝！

圖43-1　這是以「六方科-KY」（4569）為例，說明漲時重要的是看支撐。

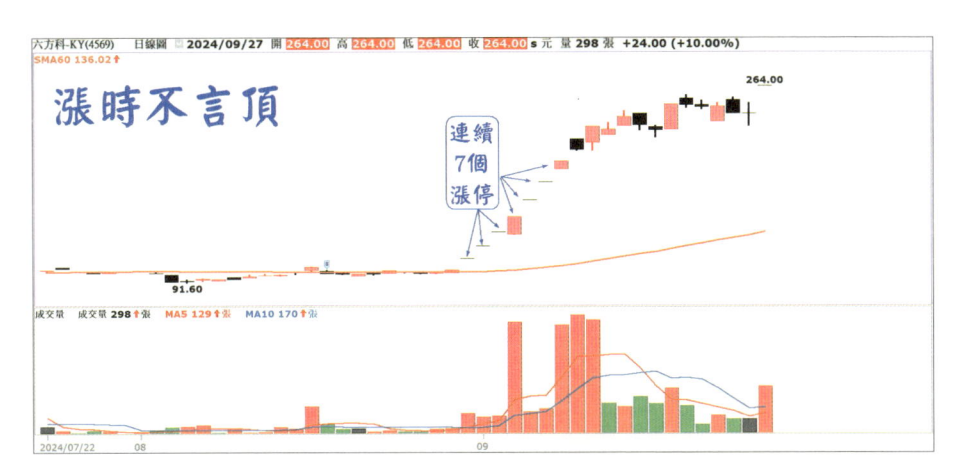

（資料來源：XQ全球贏家）

圖43-2　這是以「聯德」（3308）為例，說明跌時重要的是看壓力。

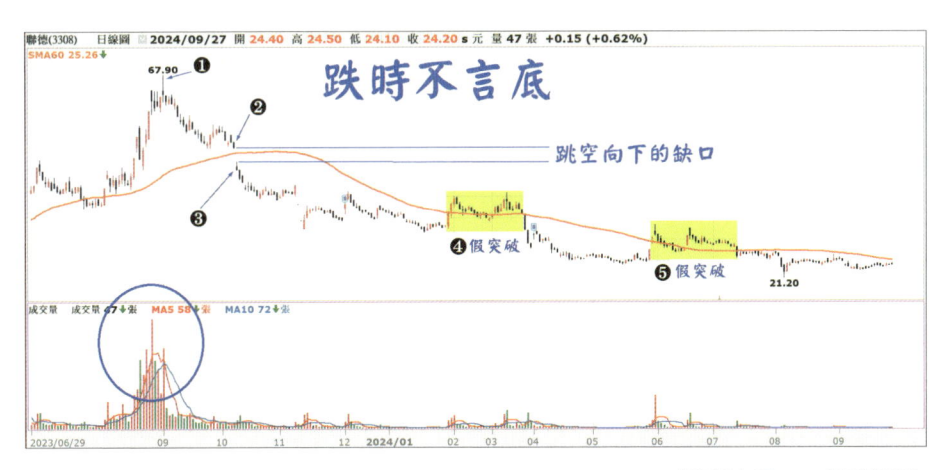

（資料來源：XQ全球贏家）

PART 3　K線圖型的學習密碼

44 軌道線和布林通道的差別是什麼？

「軌道線」是利用上壓力和下支撐的MA線，包覆中間的一條均線，用來看盤操作的技術指標之一。它可以很自由地選擇您喜歡的參數。請看圖44-1，這是以「廣達」（2382）為例，說明「軌道線」的操作。圖中有五條線，有如彩虹一般的緞帶。它的設定是以10日均線為中線（紫色線），向上、向下各3%（藍色線），再向上、向下也是各3%（橘色線）。像這樣的五條線就形成一個通道，所以稱為「軌道線」。它的看盤方式就是以突破或跌下10日均線為買賣訊號，同時觀察五條線的波動方向。

軌道線自由設定參數，布林通道知名度較高

再請看圖44-2，為了便於觀察「軌道線」（也稱MA軌道線）和「布林通道」（B-Band指標，也稱BBand軌道線）的差別。所以這裡也是以「廣達」（2382）為例，說明「布林通道」。它只有三條線，設定是以20日均線作為中軸線，在中軸上，加上兩倍標準差，構成上軌線；在中軸下，減去兩倍標準差，構成下軌線。「布林通道」是約翰・包寧傑（John Bollinger）於80年代所創，知名度很高。目前許多高手也仍然在這個領域繼續鑽研。使用的方法，也是以突破或跌下20日均線為買賣訊號。

圖44-1 這是以「廣達」（2382）為例，說明「軌道線」的操作。

（資料來源：XQ全球贏家）

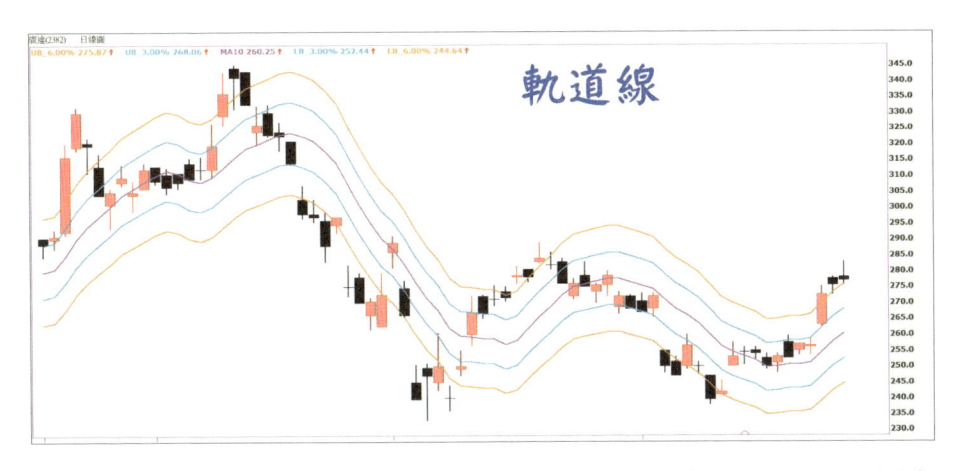

圖44-2 這也是以「廣達」（2382）為例，說明「布林通道」的操作。

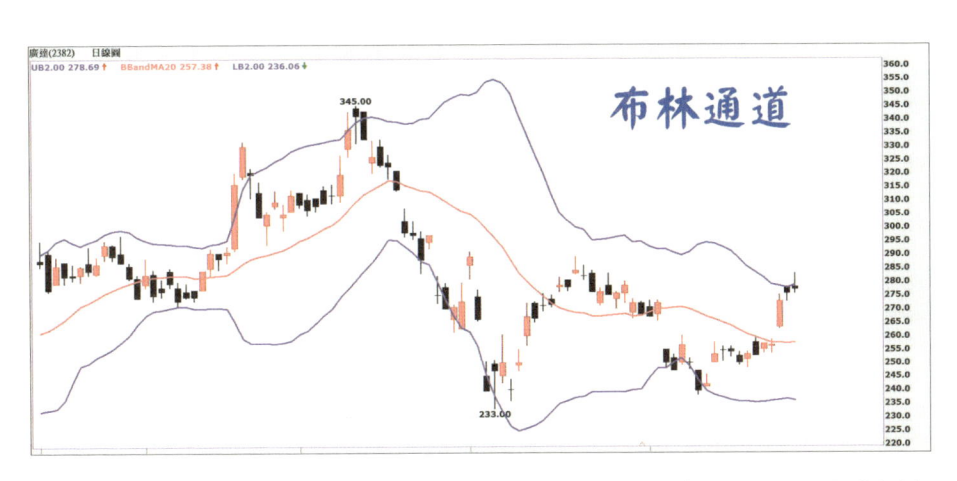

（資料來源：XQ全球贏家）

PART 3 K線圖型的學習密碼

45 紅三兵和黑三兵，一定準嗎？

在低檔或下跌行情中，連續出現三根「中長紅」，每天開低走高，「收盤價」都比前一天高。這三根中長紅K線中，第二根及第三根中長紅的「開盤價」，均位於前一根中長紅實體部份的中點以上；且其收盤價都是在最高價或位於最高價附近，稱為「紅三兵」。

相反的，在上漲行情中，或在高檔橫向盤整一段時間之後，出現連續三根開高收低的「中長黑K線」。這三根黑K線的收盤價，一根比一根低，稱為「黑三兵」。

準不準？要看量能、位階和主力心態決定

「紅三兵」和「黑三兵」都是量能、氣勢很強的三根K線組合。請看圖45-1，這是以「聯亞」（3081）為例，說明紅三兵之後常有一大段軋空行情。主力大量集結區，有時更形成「低檔五連陽」的攻擊模式，空頭多半逃之夭夭，放空者甚至因不敵、回補而更加強了對手的攻勢。尤其長期橫盤之後的「紅三兵」更是所向無敵，千萬別招惹。再看圖45-2，以「大立光」（3008）為例，黑三兵之後也常有一大段下跌的行情。但黑三兵在大跌一段之後，被更強勢的跳空長紅阻擋就不準了，可能會轉空為多。

圖45-1 以「聯亞」（3081）為例，紅三兵之後常有一大段上升的行情。

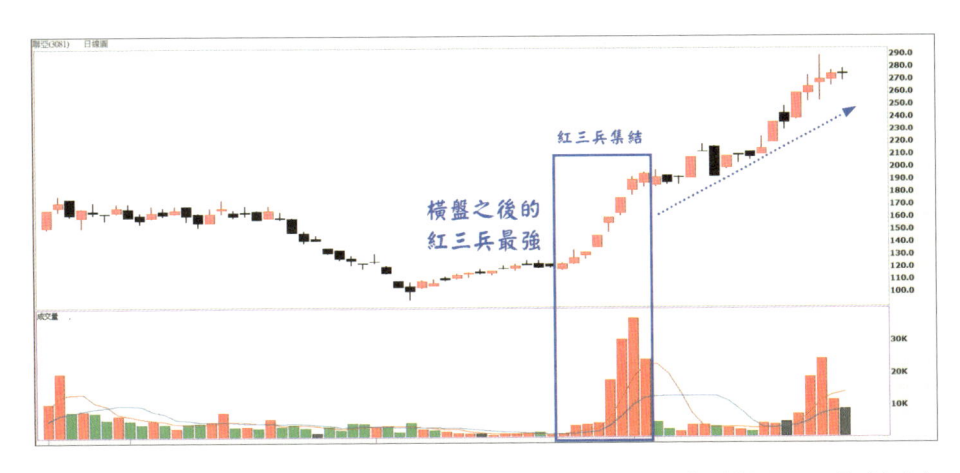

（資料來源：XQ全球贏家）

圖45-2 以「大立光」（3008）為例，黑三兵之後常有一大段下跌的行情。

（資料來源：XQ全球贏家）

PART 3　K線圖型的學習密碼

46 為什麼不要只看「單一」的K線？

「單一」的K線，形單影隻，有如戰爭中的一個士兵，在戰場上極容易被圍勦。象棋的戰法也有一說：「孤軍深入」非常危險，惟有多種棋子配合攻勢，才能左右開弓、無往不利。如果您會玩象棋，總有聽說過「車馬炮成一局」吧？股市何嘗不是如此。兩根、三根或多根K線的配合，我們才容易判定多空的勝算有多少。

K線長短比氣勢，真假突破變化多

請看圖46-1，這是單一K線的40種變化圖。例如圖左上方的「長紅線」有三種，分別是長、中、短；「長黑線」也有長、中、短。這種不同長短的線形，意義雖然類似，但比的卻是「氣」的長度。例如同樣跨越 20週線，長的可能是漲停板，往後會「過關斬將」，奮勇上攻；而短的卻可能只是0.2%的漲幅而已，攻勢顯得畏畏縮縮，未來形成「假突破」可能性便非常高。其次，很多K棒是有長、短上下影線的。長黑長上影線可能代表賣壓，但如果下一根K線被長紅貫穿它時，局面就變了；又如吊人線在高檔和低檔也意義不同，所以不能只看單一K棒，要配合多種組合型態，才能看得準。

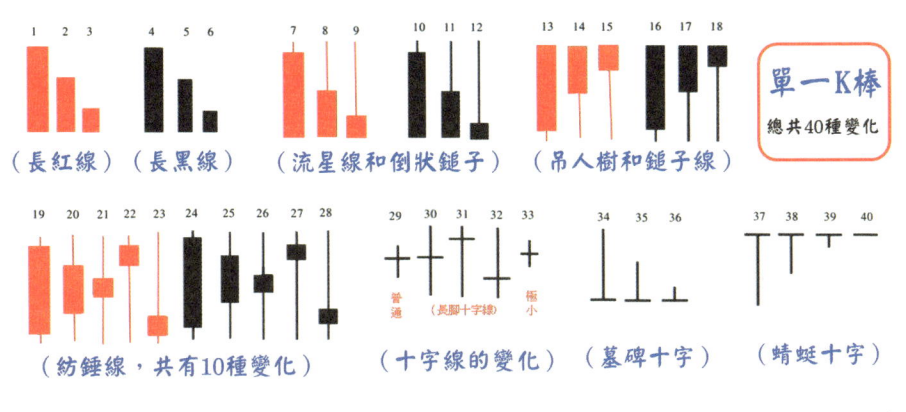

圖46-1 單一K棒，大致有40種變化。

（長紅線）（長黑線）（流星線和倒狀鎚子）（吊人樹和鎚子線）

單一K棒
總共40種變化

（紡錘線，共有10種變化）（十字線的變化）（墓碑十字）（蜻蜓十字）

普通　（長腳十字線）　極小

（繪圖：方天龍）

47 均線的參數設定，如何決定？

在我心中，均線是非常重要的技術指標。它不是什麼機密，因使用同樣的參數，也可能有不一樣的戰果。以我使用的3、5、8均線來說，也不算絕對完美的必勝程式。但有一位群友確實曾告訴我，他用我的358理論去操作，已讓他的1000萬資金變上億了。甚至我還無意間發現有某一位陌生的網紅，竟然毫不客氣地就直接用我的358理論的均線參數公開在直播教學。我並不在意，因為重要的不是參數如何選擇，而是您能不能因而穩穩獲利。均線的判讀，無論如何也敵不過大戶刻意的多空炒作。

均線分三種，SMA和EMA是主流

「均線」是「移動平均線」的簡稱。所謂3、5、8均線，就是設定3日、5日、8日等三條移動平均線去看盤操作。3日均線就是把過去3天的收盤價加總再除以3。5日、8日均線也一樣可以類推。

其實，「移動平均線」分三種：❶簡單移動平均線（SMA）。❷指數移動平均線（EMA）。❸加權移動平均線（WMA）。SMA是一般人常用的；EMA較靈敏，老手愛用；WMA計算起來更複雜，市場較少人使用。SMA和EMA才是主流。圖47-1和圖47-2，則是分別用不同的參數設定移動平均線。

圖47-1　這是以「鴻海」（2317）為例，用3日、5日、8日均線作參數，設定移動平均線。

（資料來源：XQ全球贏家）

圖47-2　這是以「萬海」（2615）為例，用5日、10日、20日、60日均線作參數，設定移動平均線。

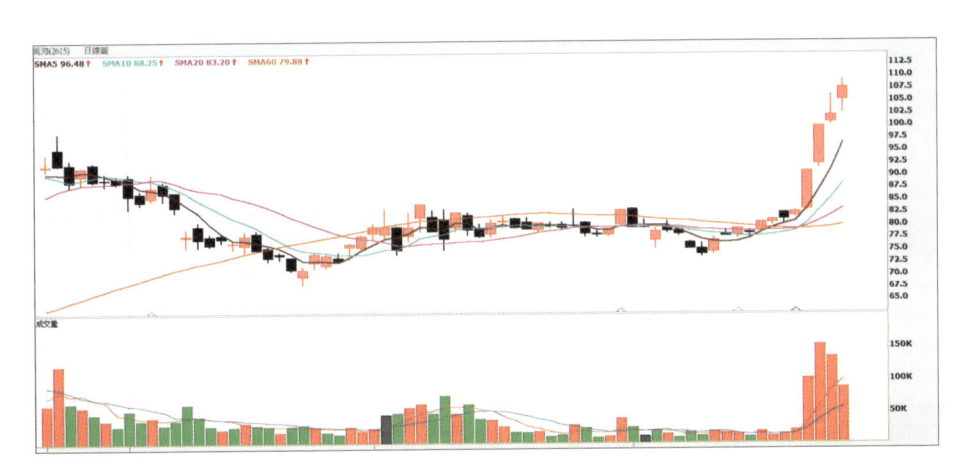

（資料來源：XQ全球贏家）

PART 4

股價與成交量的面面觀

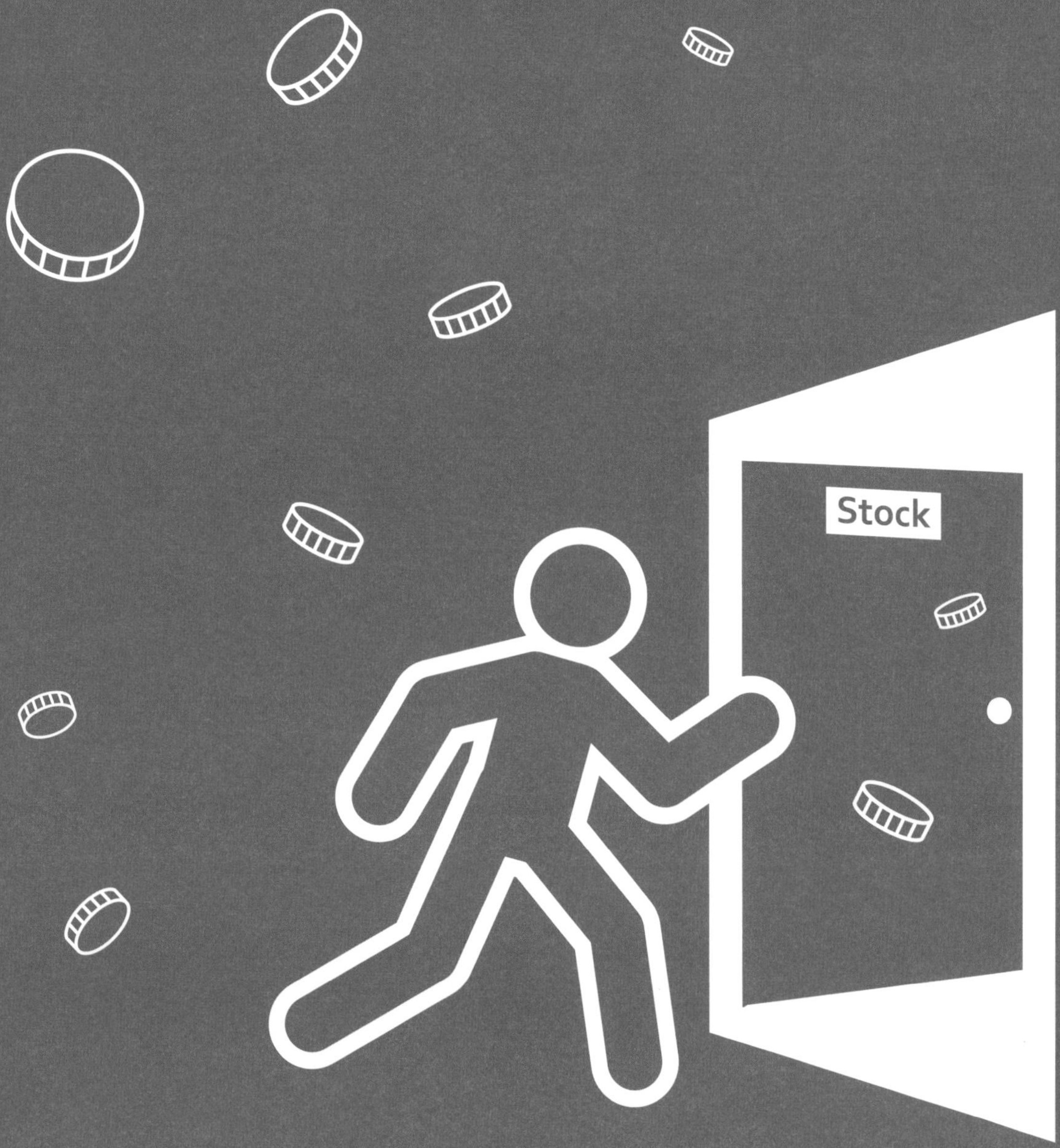
Stock

48 流星線，是不是一定會暴跌？

「流星」聽起來很美，例如偶像劇《流星花園》、古龍創作的《流星·蝴蝶·劍》等等，而在技術分析中，流星線（Shooting Star），又稱「射擊之星」，是一種賣壓很強的K線圖形態，通常出現在一段上漲趨勢的末端，表示買方力量已經耗盡，且空方力量也在增強中，有點「山雨欲來風滿樓」的意味。請看圖48-1 這是以「雄獅」（2731）為例，流星線之後，可能因賣壓沉重而有一大段下跌行情。❶❷❸已露出敗相，❹跳空而下，更是偏空。❺❻形成向下跳空缺口，又是爆量，表示主力出貨了。

流星變奏曲，它可能是「仙人指路」的徵兆

但是，「流星」也不全然是出貨之兆，有時是主力洗盤，讓沒信心者出脫然後再發動攻勢，這時的流星會變成「仙人指路」的徵兆。請看圖48-2 這是以「前鼎」（4908）為例，長上影線有時會變成「仙人指路」的結果。圖中的❶❷❸❹❺全是「長上影線」的流星模樣，可是它的位階都是在低檔，且一直是在「橫盤」中，並未重跌。到❻的時候，更是一舉跳空而上，突破橫盤的格局，這就展現出主力的企圖心，當我們繼續看下去，將會發現隔一段時日，股價已非「吳下阿蒙」了。

圖48-1 這是以「雄獅」（2731）為例，流星線之後，可能因賣壓沉重而有一大段下跌行情。

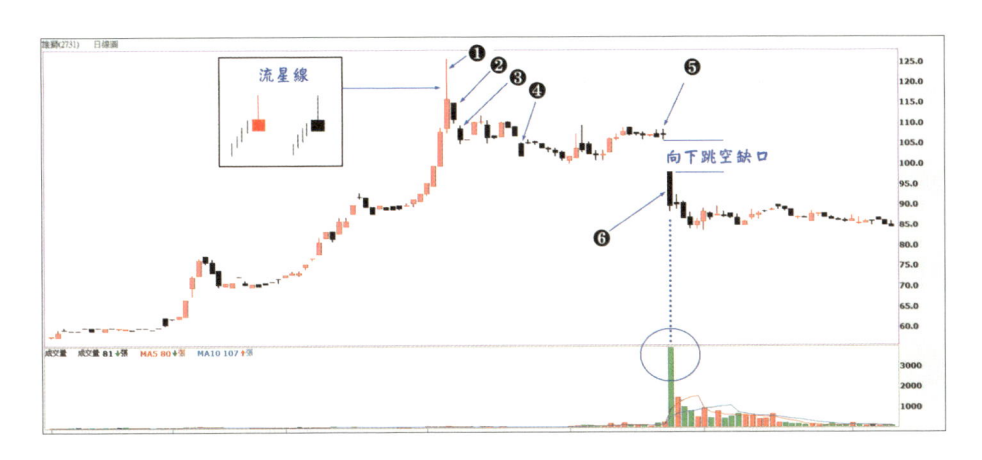

（資料來源：XQ全球贏家）

圖48-2 這是以「前鼎」（4908）為例，長上影線有時會變成「仙人指路」的結果。

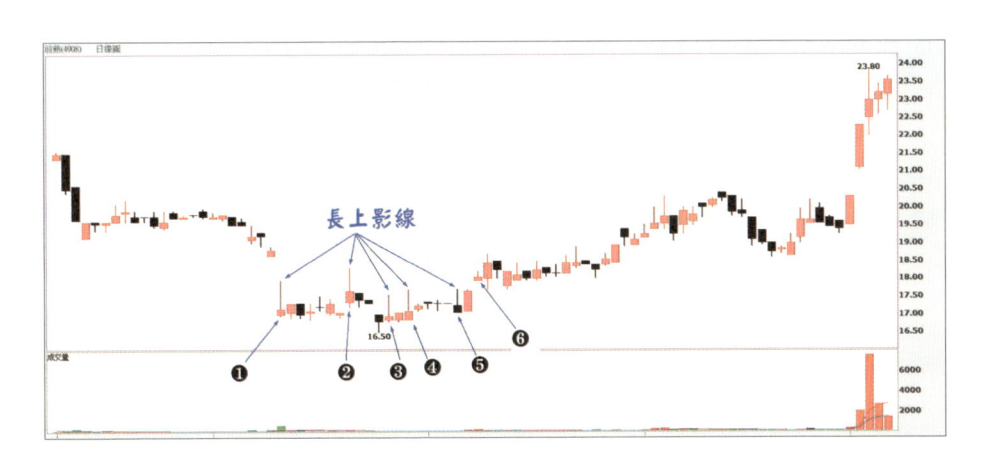

（資料來源：XQ全球贏家）

PART 4　股價與成交量的面面觀

49 為什麼「價好做,量難為」?

華爾街名言:「股市裡充斥著各式各樣的騙子,只有『成交量』是唯一的例外。」在股市,筆者為何總說,有龐大資金的主力才有「造量」的功能,散戶根本沒有力量改變行情,只能淪為「選邊站」(站在多方,抑或站在空方)的角色。——因為「價好做,量難為」,尤其是股本小的股票,如果散戶買氣不夠,自然讓主力予取予求,股價要漲要跌悉聽尊便了!請看圖49-1這是以「竹陞科技」(6739)為例,小股本(2.31億元)的股票極容易讓有心的主力作價。開盤只花2分鐘11秒就拉漲停了!

量大不漲,主力意在出貨

我們再看圖49-2,這是以「毅嘉」(2402)為例,說明若不是主力倒貨給散戶,哪裡來的巨量呢?當天成交量高達28,411張,是前一個交易日的量11,013張的2.58倍。這麼大的量,散戶的資金哪裡擋得住呢?就是因為主力大量殺出,散戶的買氣才不足以抗衡。這是無法騙人的。請看圖中的右下側的統計,當天特大單都是賣單,這表示散戶的買氣太弱了,股價才會被主力殺到見骨。所以,操作股票時,觀察成交量的變化(量大不漲),就知道主力意在出貨。那麼,您該選擇多方還是空方呢?

圖49-1　這是以「竹陞科技」（6739）為例，小股本的股票極容易讓有心的主力作價。

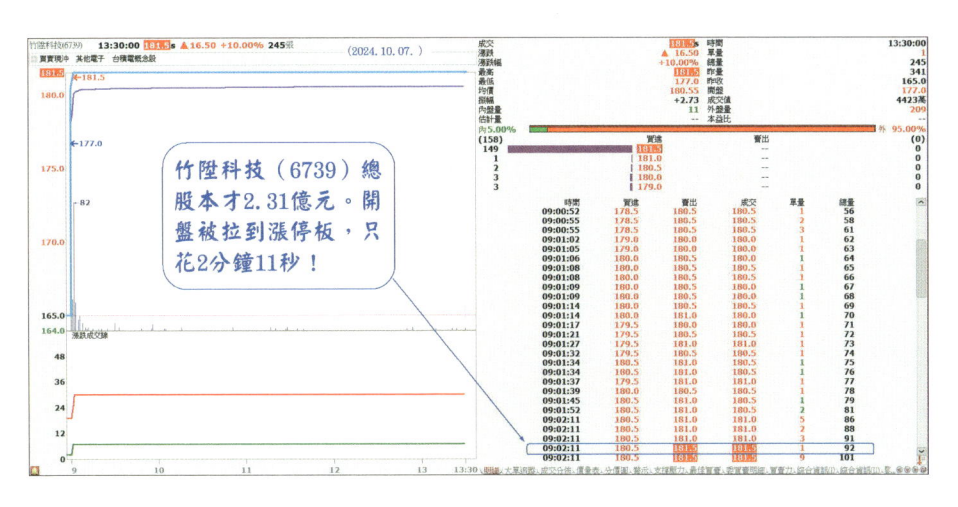

（資料來源：XQ全球贏家）

圖49-2　這是以「毅嘉」（2402）為例，主力大量殺出，散戶的買氣不足以抗衡。

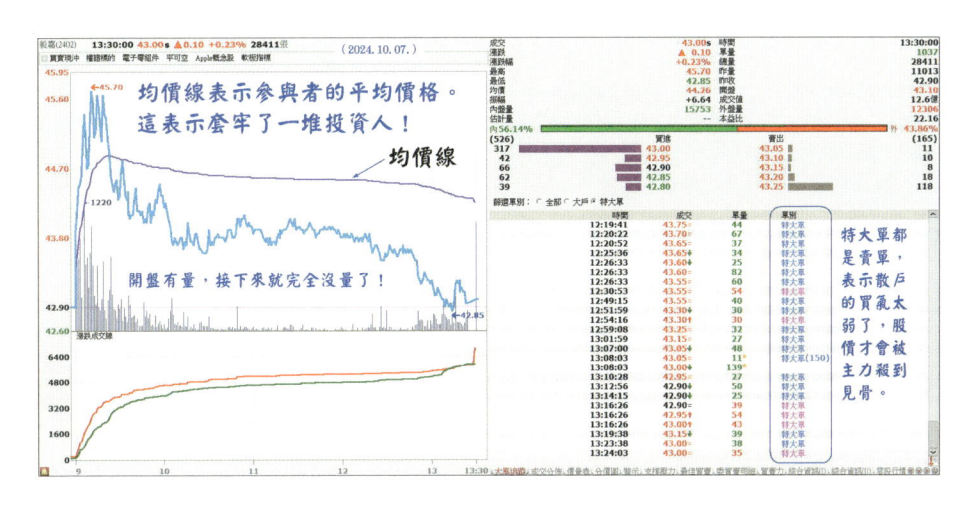

（資料來源：XQ全球贏家）

PART 4　股價與成交量的面面觀

50 價量關係有哪些模式呢？

有量，才有價。淺水無大魚，所以我們說，「選對池塘釣大魚」，才會有所成就。所有的市場因素，包含主力、法人、散戶、政策、突發事件………等等，都會整合反映在「量價結構」上。價，有如是火車的軌道；量，好比是火車頭裡燒的媒。要讓火車在軌道上行駛，必須燒媒；要「價」往預期中的軌道走，就必須用「量」（資金或股票）去推動！

價量關係有哪些模式呢？請看圖50-1，就是這九種。不過，重要的是要知道應用的法則。

價格攻上去，「量能」可不宜落後

再看圖50-2，股市的基本法則，大抵有以下幾個重點：❶價漲量增：氣氛熱絡，股價可能繼續上揚。投資策略：買進！❷價漲量縮：氣氛減少，股價可能漲幅越來越小。投資策略：觀望。❸價跌量增：氣氛悲情，股價可能繼續下跌。投資策略：賣出！❹價跌量縮：氣氛轉弱，股價可能跌幅越來越小。投資策略：觀望。「量價配合得好」，就是指有價時量就要跟上，否則多頭後繼無力。一旦價量背離（價格上去，量能卻沒有跟進），那漲勢也不會持久。很可能會形成「頭部」，然後慢慢下跌！

圖50-1　價量關係可分為九種狀況。

一、	價漲量增。	六、	價平量縮。
二、	價漲量平。	七、	價跌量增。
三、	價漲量縮。	八、	價跌量平。
四、	價平量增。	九、	價跌量縮。
五、	價平量平。		

（製表：方天龍）

圖50-2　量價的基本法則。

一、	量先價行	量能比股價先蘇醒，也同時比股價先出現。個股的「歷史大量」又在相對低點，通常是有支撐的。
二、	量是多空指標	多空的勝負雖在價，但決定卻是在於量。飆股不怕爆量，怕的是沒量。量往往決定多空的方向。
三、	量價配合，多頭持久	量價關係的原理很簡單，只要記住口訣：底部有量，會漲；高點量縮，會跌。量價一定要配合。
四、	量價背離，行情逆轉	在上漲的趨勢中，價量齊漲，就容易上漲；在下跌趨勢中，也有「量縮價跌，無後市」的說法。

（製表：方天龍）

51 價量之間,有什麼不變的法則?

當股市趨勢看漲時,成交量會放大;股市趨勢看跌時,交易量通常會萎縮。所以「成交量大」未必是股票搶手,因為「成交量」裡包括「買股」和「賣股」。如果股價在低檔卻有交易量,表示已來到支撐價位;如果股價來到高點,成交量卻變小,代表股價已來到壓力價位,後市看跌。由此可見,價量之間,有不變的法則,那就是:底部有量,會漲;高點量縮,會跌。但是,高點爆量有時也會跌,這要看是:做多還是做空的一方勝出?所以通常還要看次日的股價是漲,還是跌。

高檔看量行事,有量就漲無量就跌

我們現在來解說「高檔」的量與未來走勢的關係。請看圖51-1,這是以「大立光」(3008)為例,說明量能變化與判斷未來行情的可能走勢。圖中的❶是長紅,在高檔。❷是相對大量。❸❹❺連三天沒量,自然容易下跌了。果然後來就有一段跳空下跌的行情。我們再來看圖51-2,這是以「百和」(9938)為例,說明量能變化。❶是長紅爆量,且在高檔。但因❷有更大的量,所以續漲。❸❹❺沒量,又跌了。❻再度增量,就把行情支撐住了。可見有沒有量是未來行情變化的關鍵所在。

圖51-1　這是以「大立光」（3008）為例，說明量能變化與判斷未來行情的可能走勢。

（資料來源：XQ全球贏家）

圖51-2　這是以「百和」（9938）為例，說明量能變化與判斷未來行情的可能走勢。

（資料來源：XQ全球贏家）

PART 4　股價與成交量的面面觀

52 價量配合，是怎麼配合？
　　價量背離，是怎麼背離？

　　「價量配合」和「價量背離」，可說是相反的詞彙。「價」是價格，「量」是成交量。當價格的走勢和成交量形成相同的方向時，叫做「價量配合」，也就是價格上漲、成交量也同時跟著增加；價格下跌時，成交量也同時萎縮。這就是多頭的象徵。相反的，如果價格持續上揚，而成交量卻減少，這就不配合了，通常稱為「價量背離」的現象。

　　「價量配合」，多頭就走得久；「價量背離」，再過幾天，價格可能就跌了，由多轉空。

偏多偏空，主要看價量配合不配合

　　當股市趨勢看漲時，成交量會放大；股市趨勢看跌時，交易量通常會萎縮。這才是「價量配合」的合理現象。請看圖52-1，這是以「錦明」（3230）為例，說明「價漲量增、價跌量縮」是多頭特徵，也是未來走勢會「偏多」的主因。

　　再看圖52-2 這是以「世芯-KY」（3661）為例，說明「量大不漲」是價量背離的空頭趨勢。圖中的❶，價格是長黑，而當天它的成交量❷卻呈爆增的現象。這是不合理的，所以後來就跌下來。

圖52-1　這是以「錦明」（3230）為例，說明「價漲量增、價跌量縮」是多頭特徵。

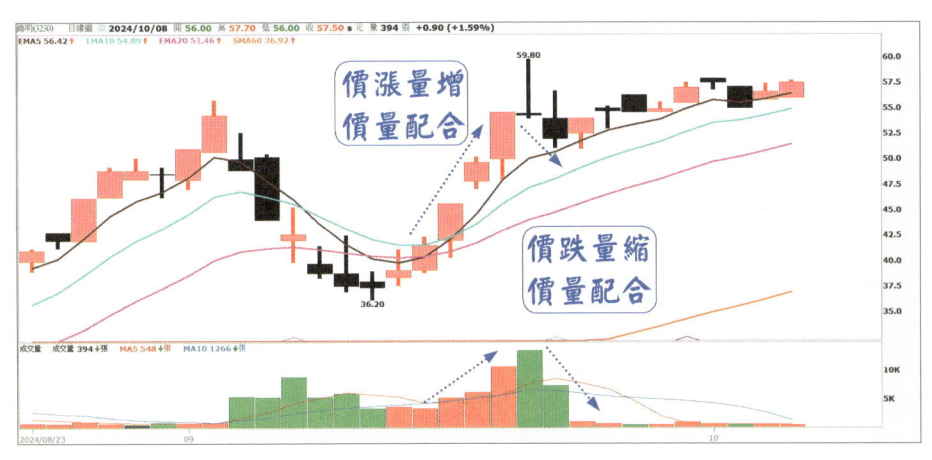

（資料來源：XQ全球贏家）

圖52-2　這是以「世芯-KY」（3661）為例，說明「量大不漲」是價量背離的空頭趨勢。

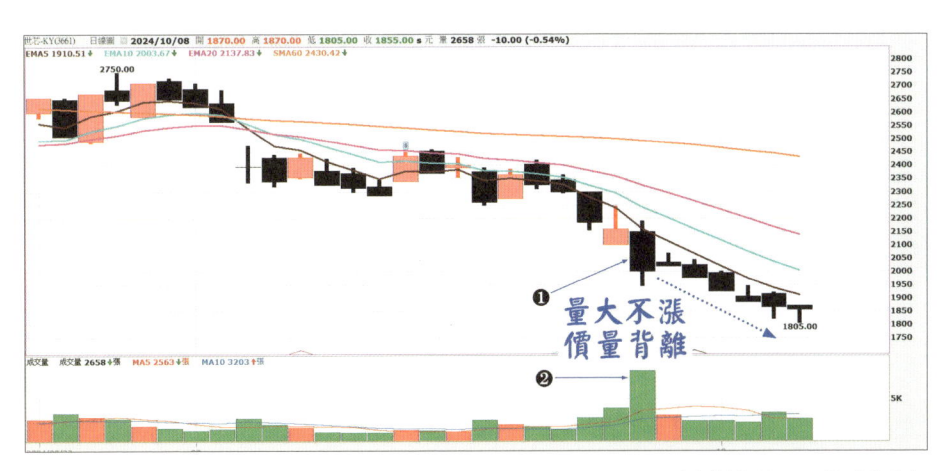

（資料來源：XQ全球贏家）

PART 4　股價與成交量的面面觀

53 爆量上漲，為什麼是好的？
良性換手，是什麼意思？

　　成交量爆增、股價上漲，一定是好的。因為它是強大的動能、燃料來源。問題只在它有沒有依軌道來跑。尤其在價量關係的軌道中，有一個永遠不變的遊戲規則，就是「價漲量增、價跌量縮」，若能遵行這種規律，就會形成多頭的良好換手，繼續走一波。筆者再也想不出比「接力賽」更好的比喻了──跑完一段，把這種規律（接力賽的棒子）交給下一位跑者，繼續按照這種特性跑下去，「多頭」就會形成良好的「換手」。這種良好的換手（交接過程沒有失誤），會讓賽程完美地進行下去。

爆量的評價，要看有沒有繼續出量和上漲

　　請看圖53-1，這是以「加權指數」（TSE）為例，解說「爆量上漲、良性換手」的實況。首先，我們在❶❷❸這個高點看下來，當跌到❹時，爆出了6,679億的大量，「量大不漲」不是會跌嗎？沒錯，但是❺這根K棒卻改變了它的結構。它也有6,520億，❻更突破了❹的高點。此後便沒有低點了。❼也是一樣出量收黑，但❽突破三角形態的高點，讓多頭更上一層樓！看圖53-2就更明白了。 這是以「聯光通」（4903）為例，解說「爆量上漲、良性換手」的實況。注意圖上的註解，就徹底明白了。

圖53-1　這是以「加權指數」（TSE）為例，解說「爆量上漲、良性換手」的實況。

（資料來源：XQ全球贏家）

圖53-2　這是以「聯光通」（4903）為例，解說「爆量上漲、良性換手」的實況。

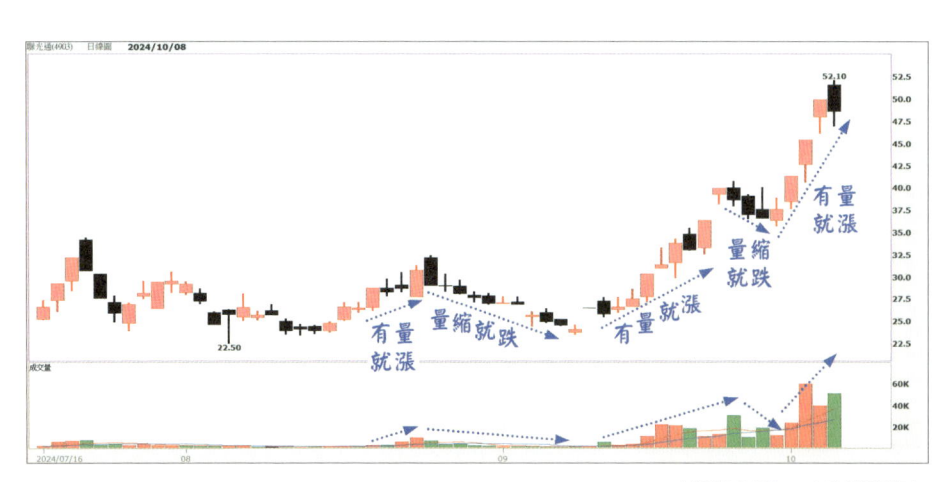

（資料來源：XQ全球贏家）

PART 4　股價與成交量的面面觀

54 「有人氣」的股票，是怎麼看出來？

「有人氣」的股票，就是「有買氣」、大家想要追逐的熱門股票。那麼在盤中，從什麼地方可以找出這種股票呢？這涉及到選股的機密。一般高手都比較懂得如何選股，可是新手卻很茫然。這裡就透露給新手快速找對的方法：就是找出盤中創新高的股票——通常來自「周轉率」高的股票。「周轉率」，又稱為「換手率」。以台股來說，股本1億元代表1萬張股票。用股本即可推算這家公司一共有多少張股票，以「當日成交量／股票張數」計算，就可得出周轉率。周轉率高的股票，就是有人氣！

周轉率高點突破，有利主力的攻堅

請看圖54-1，這是以2024年10月8日的行情為例，我們到收盤後就可以看出來，漲幅大的股票多半是週轉率高的股票。在圖中，用藍筆框起來的部分就是各股的換手率（周轉率）。但是，周轉率也不宜太高，否則可能是「高點已現」的徵兆。周轉率較高的股票，往往也是短線資金追逐的對象，投機性較強。但換個角度來說，有相對高的周轉率，才可能有更高機率會出現大行情。此外，從能量潮（OBV線）這個指標也可以看出一些端倪，本書第87個單元會再闡述。

圖54-1　這是以2024年10月8日的行情為例，漲幅大的股票多半是週轉率高的股票。

商品	代碼	成交	漲幅%	總量	昨量	五日均量	換手率%	振幅%	一週%
星通	3025	83.7s	+9.99	44037	48168	27059	77.62	+9.46	+17.72
信音	6126	34.15s	+9.98	10235	5266	4215	8.01	+9.98	+17.56
光寶	8032	42.45s	+9.97	2193	3636	1749	4.23	+13.86	+3.66
IET-KY	4971	91.6s	+9.96	8747	4623	8695	23.78	+9.48	+15.08
全科	3209	42.00s	+9.95	23248	1985	5590	10.00	+10.99	+11.85
環宇-KY	4991	51.0s	+9.91	1996	768	597	1.78	+6.03	+19.58
青雲	5386	99.8s	+9.91	2356	2534	1478	7.55	+3.96	+15.64
矽瑪	3511	37.20s	+9.90	6561	2302	6974	8.20	+10.93	+12.90
矽統	2363	77.8s	+9.89	83188	17622	35293	17.07	+6.36	+10.51
東友	5438	24.00s	+9.84	2754	3273	1648	2.45	+13.04	-6.98
上詮	3363	234.5s	+9.84	44856	30177	25616	43.28	+10.54	+22.45
聯穎	3550	26.25s	+9.83	10917	7215	9377	12.47	+11.92	+1.74
眾達-KY	4977	117.5s	+9.81	14321	9581	9481	17.86	+13.08	+11.37
合騏	8937	80.7s	+9.05	4076	1945	1847	5.62	+13.11	+16.62
環天科	3499	26.55s	+8.59	3873	2415	1896	7.05	+12.07	+17.22
易威	1799	126.0s	+8.15	948	1912	1305	0.78	+9.44	+29.63
汎銓	6830	192.0s	+7.87	7727	2588	3014	14.92	+10.39	+10.34
偉詮電	2436	67.6s	+7.13	14672	4061	6707	8.24	+6.18	+4.81
益航	2601	9.24s	+6.82	71326	21436	23392	8.65	+4.62	+13.93
大立	4716	29.10s	+6.59	11526	2804	7672	13.58	+10.99	+3.74
台特化	4772	180.0s	+6.19	2558	1121	1863	1.73	+11.50	0.00
旺矽	6223	795s	+5.72	3961	1894	2539	4.20	+6.91	+4.06
昇陽半導體	8028	140.0s	+5.66	40175	17735	15910	23.27	+9.43	+12.00
益登	3048	42.50s	+5.59	6898	10264	6281	2.82	+7.58	+12.43
精湛	2070	115.0s	+5.50	3779	5096	6663	10.56	+9.63	+3.14
創意	3443	1170s	+5.41	2998	1787	1825	2.24	+7.21	+10.38
立積	4968	194.5s	+5.14	5073	1452	2510	5.59	+7.03	+2.91
英濟	3294	33.20s	+4.90	3051	571	1083	2.31	+9.00	+6.41
威盛	2388	135.0s	+4.65	22345	9114	15327	4.03	+9.30	+0.75
友輝	4933	73.9s	+4.53	1670	501	897	2.05	+6.65	+3.21
京鼎	3413	363.0s	+4.46	3215	1275	1503	3.36	+6.62	+3.27

（資料來源：XQ全球贏家）

PART 4　股價與成交量的面面觀

55 價漲時的「量增、量平、量縮」

在本書的圖50-1，我們說過，價量關係有九種情況：價漲時、價平時、價跌時都分別有「量增、量平、量縮」三種模式。現在就更深一層來分析價漲時的「量增、量平、量縮」，會有怎樣的發展。

價漲時，主要都與主力做多有關。量增，是指成交量增加，這是動能已出、趨勢向上發展的特徵。而量平，是指成交量和前一個交易日或五日均量差不多，這表示量能雖未表態，但股價向上的契機已在醞釀中。量縮，則是指量能萎縮，這表示拳頭收回來（洗盤中）、準備再出擊。

洗盤量縮或量平，都無礙做多成功的結果

請看圖55-1，這是以「京元電子」（2449）為例，說明線型看起來似乎一直在橫盤中，但細看就發現❶和❻都是價漲量增的格局，❷和❹是價漲量平的格局，❸和❺則是價漲量縮的格局。這樣的多頭表現，到最後終於見到124.5漲停板，創了55日的新高。可見主力步步為營，最終亮出他做多成功的底牌了。再看圖55-2也是如此，❶❷❸❹❺都是價漲量縮、價漲量增交替上攻的格局，❻❼價漲量平，是一段洗盤期間。❽以後就開始爆量上漲了，從135.5到285的價格攀爬過程，主力做多企圖明顯！

圖55-1　這是以「京元電子」（2449）為例，流星線之後，可能因賣壓沉重而有一大段下跌行情。

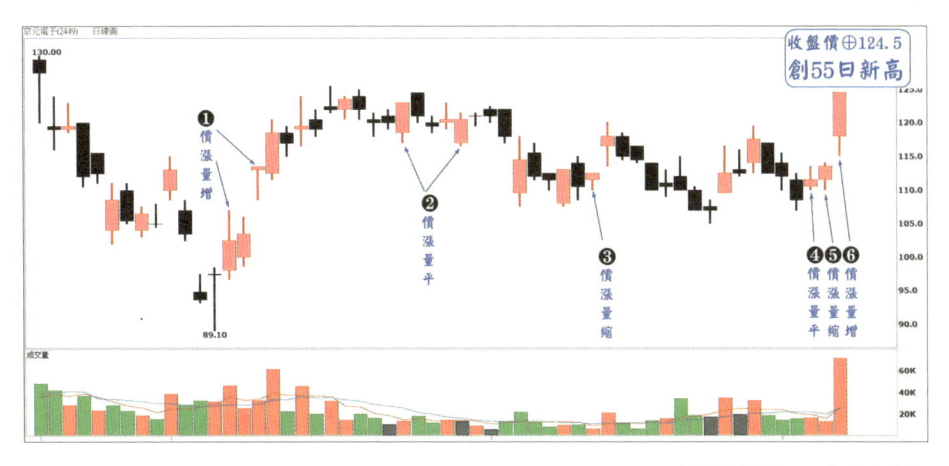

（資料來源：XQ全球贏家）

圖55-2　這是以「前鼎」（4908）為例，長上影線有時會變成「仙人指路」的結果。

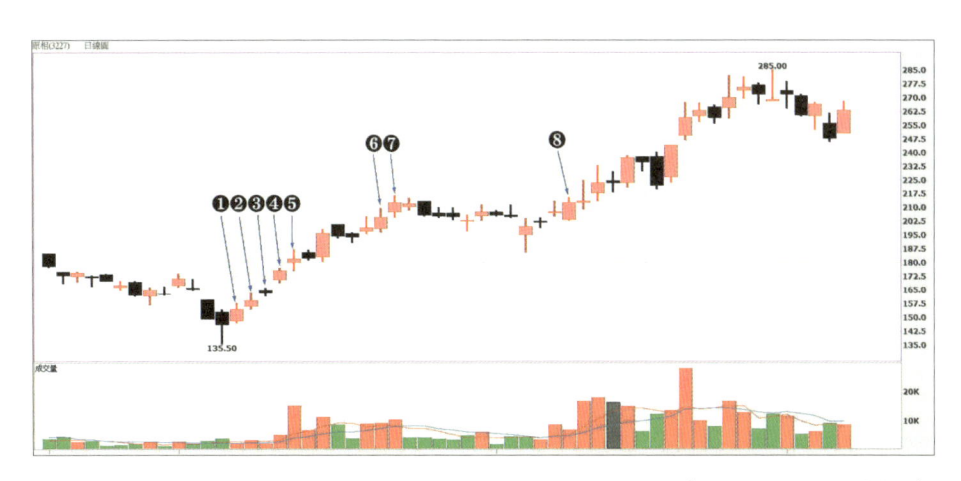

（資料來源：XQ全球贏家）

PART 4　股價與成交量的面面觀　129

56 價平時的「量增、量平、量縮」

我們說過,所有的市場因素,包含主力、法人、散戶、政策、突發事件………等等,都會整合反映在「量價結構」上。那麼,一旦價格走平,「量增、量平、量縮」有何意義呢?根據長期的觀察,大抵價格平平、沒什麼變化時,量的變化多半不大。如果量很大,價格就不會也不該「走平」,那一定是也有另一股力量把它打下來,才會造成價格沒有表現。然而,價平時,「量縮」卻是好現象,短期或許會有小跌,但只要繼續量縮,就還有希望,因為那叫做「沈澱」。

價平時期,主力進出資料值得重視

不論是股價遭受打壓或價量沈澱,我們需要觀察的就是主力(包括法人)的進出情況。請看圖56-1 這是以「緯創」(3231)為例,說明價平時的「量增、量平、量縮」等各種情況。「價平量增」通常會帶動股價上揚;「價平量平」或「價平量縮」,多半是繼續盤整。這時,我們看圖中「主力進出」有藍色框住的部分,可以發現有主力買超密集區,後來果然有讓股價突破箱型整理的機會。再看圖56-2,這是以「宏捷科」(8086)為例,說明價平時期如果「主力進出」平平,股價就暫時不會有所表現。

圖56-1 這是以「緯創」（3231）為例，說明價平時的「量增、量平、量縮」等各種情況。

（資料來源：XQ全球贏家）

圖56-2 這是以「宏捷科」（8086）為例，說明價平時期需要觀察的是「主力進出」有何變化。

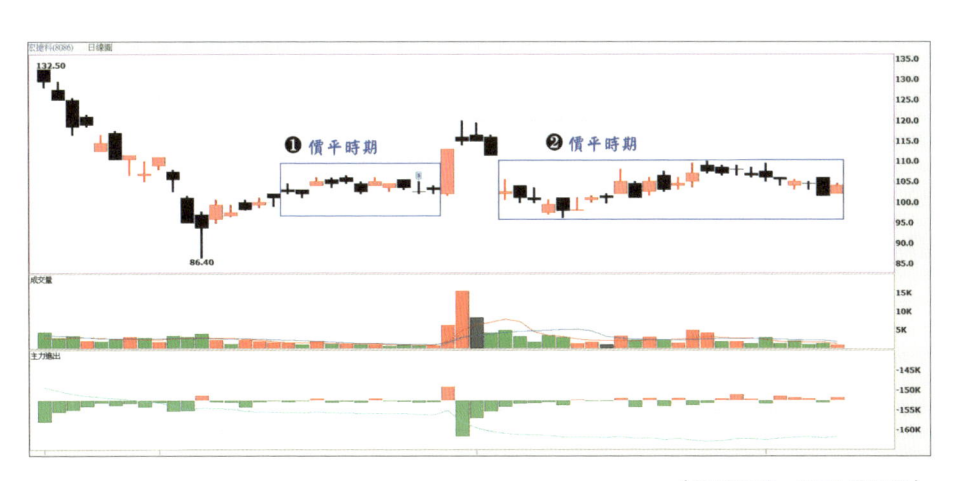

（資料來源：XQ全球贏家）

57 價跌時的「量增、量平、量縮」

　　每天開盤之後，如何判斷哪些股票可以一買就漲呢？當然要看價格的即時表現。通常我們都要用「漲幅」來排序，才會知道哪些股票是主力可能做多的。如果一開盤，股價就跌呢？那便是不好的預兆，因為開盤多半是主力決定的。只有他才有辦法影響行情！

　　量固然重要，但有時「價格」更能看出主力的心態。例如一檔股票「量增」卻價跌，這就表示賣壓是隱形的殺手；當價跌又量平的時候，股價沒有波動；而價跌又量縮，就勢必再跌一陣子。

價跌成趨勢，量增量平量縮都無力可回天

　　請看圖57-1，這是以「聯穎」（3550）為例，說明價跌時的「量增、量平、量縮」等各種情況。圖中❶跳空而下，量沒有變化，卻開啟一段跌勢。尤其❷❸都是價跌量增的格局，代表出貨的訊號。❹價跌量縮，就是起跌的開端，直到❺量縮至極時，才會有新的大戶介入。必須有價格上漲的事實，才有止跌的跡象。再看圖57-2，這是以「康全電訊」（8089）為例，說明價跌而又沒有主力買超，早晚股價還得破底。圖中❶❷❸的主力進出資料都是賣超居多，股價跌勢形成，多半來自於此一原因。

圖57-1 這是以「聯穎」（3550）為例，說明價跌時的「量增、量平、量縮」等各種情況。

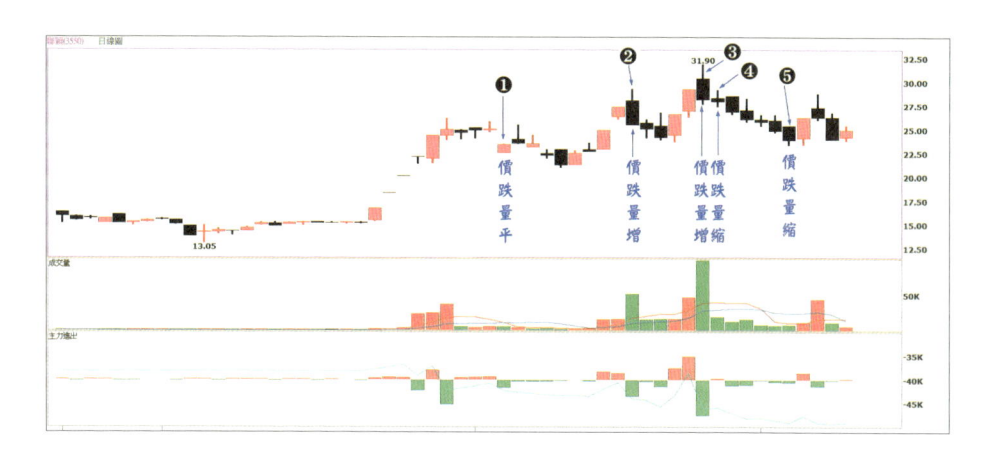

（資料來源：XQ全球贏家）

圖57-2 這是以「康全電訊」（8089）為例，說明價跌而又沒有主力買超，早晚股價還得破底。

（資料來源：XQ全球贏家）

PART 4　股價與成交量的面面觀　133

58 「換手量」是什麼意思？

　　您有沒有看過多人一組的團體摔角賽？股市是多頭馬車的多空交易賽，過程還真有點像。場中的選手打到一個階段，往往會有同隊的夥伴跳下場子裡來，和他擊了一掌，然後就繼續和對方陣營的選手繼續拳鬥。這一擊掌，就是「換手」。在股市中也有多空雙方的互搏，有買就有賣，「買氣」多過「賣壓」就多方勝，反之則為空方勝。在多空激盪之下常會爆出巨量，形成「換手量」。如果多空實力一面倒的話，往往就沒有驚人的換手量，所以未來行情如何，與「換手量」的辨別很有關係。

均線分三種，SMA和EMA是主流

　　請看圖58-1，這是以「光鋐」（4956）為例，從圖中我們可以看出這位隔日沖大戶（今天買、明天賣的大戶），10月9日買2,778張，下一個交易日（10月11日）就賣出2,778張，按理這位大戶出清之後，股價不是該跌嗎？不但沒有，籌碼還被其他的大戶接走了，以致收盤仍是漲停！這就是多方「換手成功」！圖58-2這是以同一檔股票為例，說明連續三天漲停的不同大戶操作，導致這三天的量由14,535張→51,226張→90,524張不斷增加，這就是「換手量」的極致表現。

圖58-1　這是以「光鋐」（4956）為例，揭示某隔日沖大戶的標準操作。

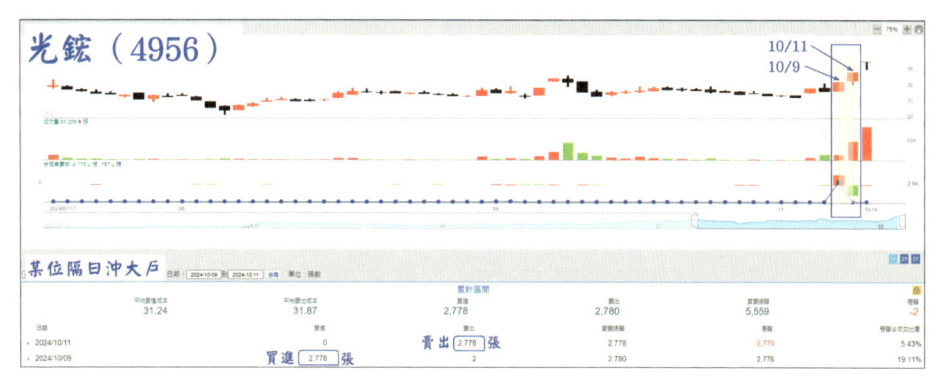

（資料來源：XQ全球贏家）

圖58-2　這是以「光鋐」（4956）為例，說明連續三天漲停的不同大戶操作，就是「換手成功」的案例。

（資料來源：XQ全球贏家）

PART 4　股價與成交量的面面觀

59 什麼叫做「慣性改變」？如何判斷？

　　一個人的「習慣」一旦成「性」，就有「慣性」。慣性是不容易改變的，一改變，必有大事，但未必是壞事，例如「浪子回頭金不換」，就是好事。據說，刑警抓小偷，多半也是從嫌犯有沒有前科，來加以判斷，因「狗改不了吃屎」。在股市，也常常借重「股性」來判斷它的去向。本來「偏多」，一旦有賣出訊號，就是「慣性改變」，反之亦然。慣性原理，其實就是牛頓第一定律，但它的陳義過高，在技術分析的領域就比較容易懂。筆者看大盤行情，多半從兩個角度去觀察它的「慣性」有沒有改變。

兩種指標，助你研判慣性有沒有改變

　　「慣性」一改變，通常會影響它的波段趨勢，所以值得研究。請看圖59-1，這是以「加權指數」（TSE）為例，判斷「慣性」有沒有改變，從而認定做多或做空。我們可以用5和10日均線為參數，然後判斷偏多或偏空。❶、❷（假跌破）、❹、❻都屬於多頭，❸、❺則是慣性改變的偏空階段。

　　第二種方法是用MACD來看「慣性」有沒有改變。請看圖59-2這是以「櫃買指數」（OTC）為例，❶、❸、❺是翻多，❷、❹是偏空。以紅柱和綠柱的轉變，作為判斷的標準。

圖59-1　以「加權指數」（TSE）為例，可使用均線交叉判斷多空界線。

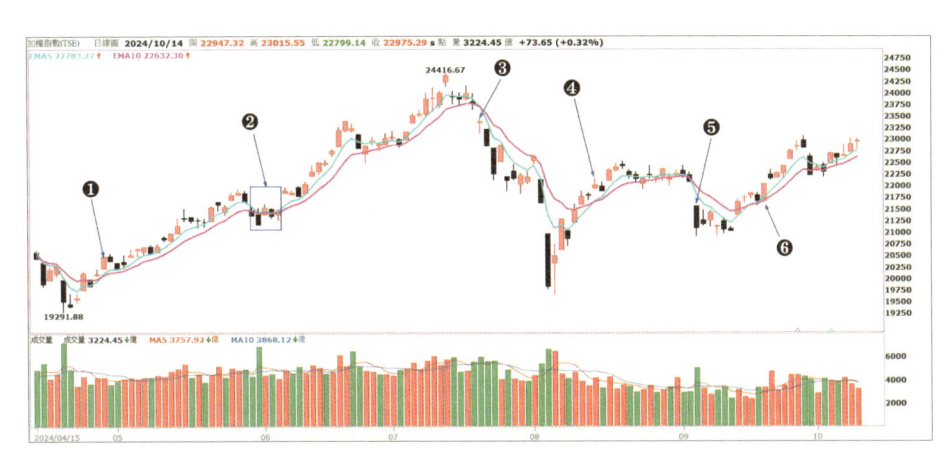

（資料來源：XQ全球贏家）

圖59-2　以「櫃買指數」（OTC）為例，用MACD指標可從綠柱和紅柱的轉變判斷多空。

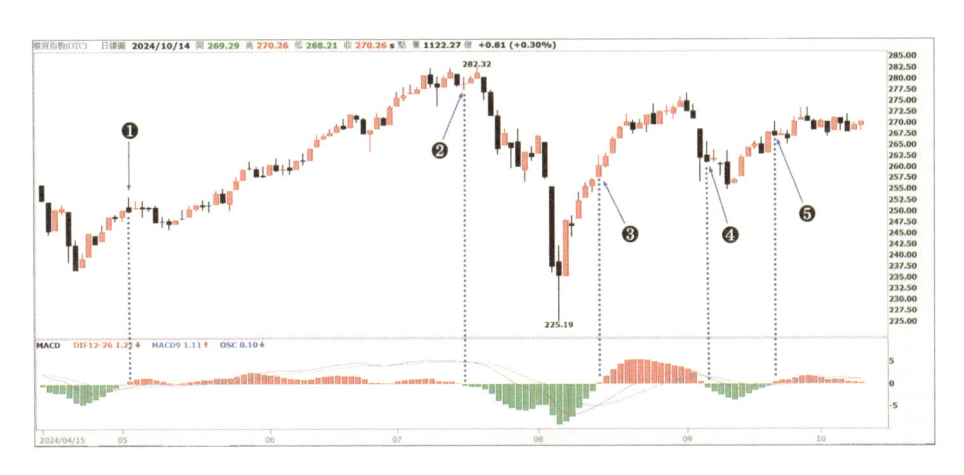

（資料來源：XQ全球贏家）

PART 4　股價與成交量的面面觀

60 爆量的股票，為什麼要觀察三天？

爆量的股票，特別值得觀察。但是，最好稍候幾天才下定論。怎麼說呢？因為不論您使用什麼參數的移動平均線，都會有股價有沒有突破或跌破均線的問題。有時是假突破，有時是真跌破，往往必須再觀察幾天（通常是三天，三天就可以定多空），這是經驗法則之一。

有人說，爆量很好，主力要發動了；也有人說爆量不好，大戶要開溜了。其實，在買與賣的雙方總有一邊是內行的高手，另一邊卻是輸家。所以要再觀察幾天，就高下立判了。

爆量的高低點很重要，是漲跌的指北針

請看圖60-1，這是以「華航」（2610）為例，漲過大量的高點，通常都會往上噴。圖中圈起來的成交量部位幾乎是天量。我們最好能記下它的高點，一旦有機會漲過這個高點，行情就得另眼相看了。尤其有一大段盤整沈澱期，這種突破往往沒有回測，就一直往上噴。不過，大量的低點，也不容跌破，萬一跌破，必須先出場一趟，等到再度漲過大量的高點時，再重新介入。再看圖60-2，這是以「長榮航」（2618）為例，大量低點不可破，一破就成災。所以，爆量的股票有必要冷靜理性的觀察才好。

圖60-1 以「華航」（2610）為例，漲過大量的高點，通常都會往上噴。

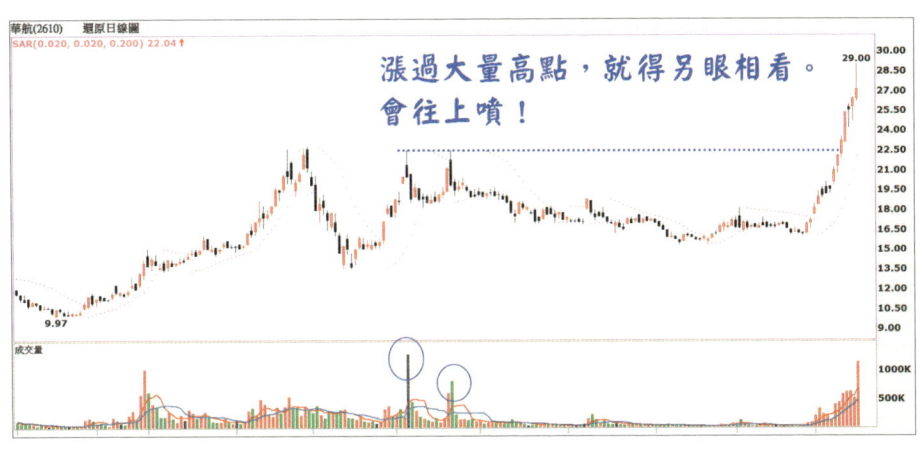

漲過大量高點，就得另眼相看。
會往上噴！

（資料來源：XQ全球贏家）

圖60-2 以「長榮航」（2618）為例，大量低點不可破，一破就成災。

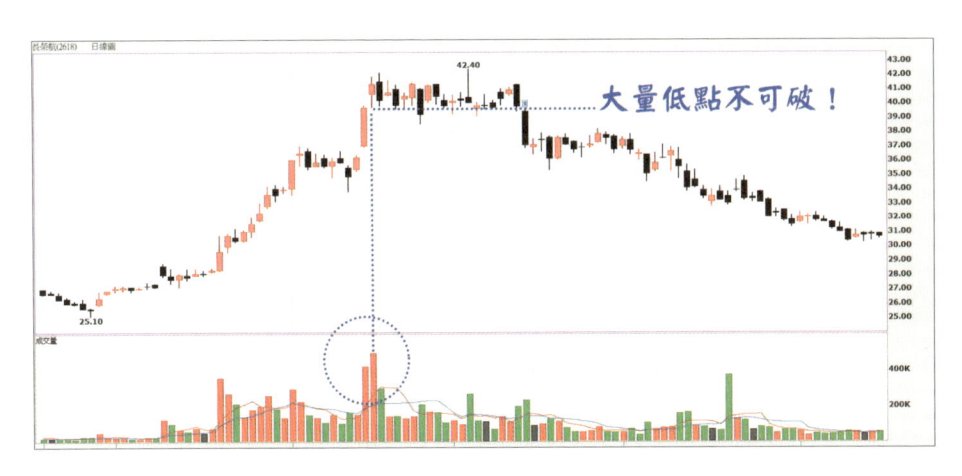

大量低點不可破！

（資料來源：XQ全球贏家）

PART 4 股價與成交量的面面觀

61 「當沖」和「隔日沖」孰優孰劣？

　　當沖，就是當日沖銷——在同一天，針對同一檔股票，透過一買、一賣的方式，達成沖抵、結清、註銷交易的行為；隔日沖，則是今天買股票，隔一天賣掉。「當沖」和「隔日沖」這兩種交易，是當今主力大戶和短線散戶最熱中的遊戲。當沖好處是今日事今日畢，不必把煩惱留到次日，且「現股當沖」交易稅減半。隔日沖好處是次日續漲、價差拉大，獲利更多。惟交易稅不優待，還得有錢辦交割。

「風險」和「報酬」，全看各人造化

　　至於「當沖」和「隔日沖」孰優孰劣？一般高手都公認隔日沖獲利較大、值得推薦。其實，時代一直在改變，主力大戶的操作策略也一直在進步。從前您利用他「今天拉漲停、次日出貨」時放空，確實是高招。但如果他不按牌理出牌，有時改為三日沖、四日沖，那你要判斷他的動作，豈不是如同猜謎？請看圖61-1，這是以「杭特」（3297）為例，說明隔日沖大戶買漲停的次日很可能把股價殺到跌停，您做多可能損失慘重。再看圖61-2，這是以「瀧澤科」（6609）為例，說明隔日沖大戶買漲停的次日也可能繼續漲停，您放空也可能被軋爆了！可見「風險」和「報酬」是看各人的功力和造化！

圖61-1　這是以「杭特」（3297）為例，說明隔日沖大戶買漲停的次日很可能被殺到跌停。

（資料來源：XQ全球贏家）

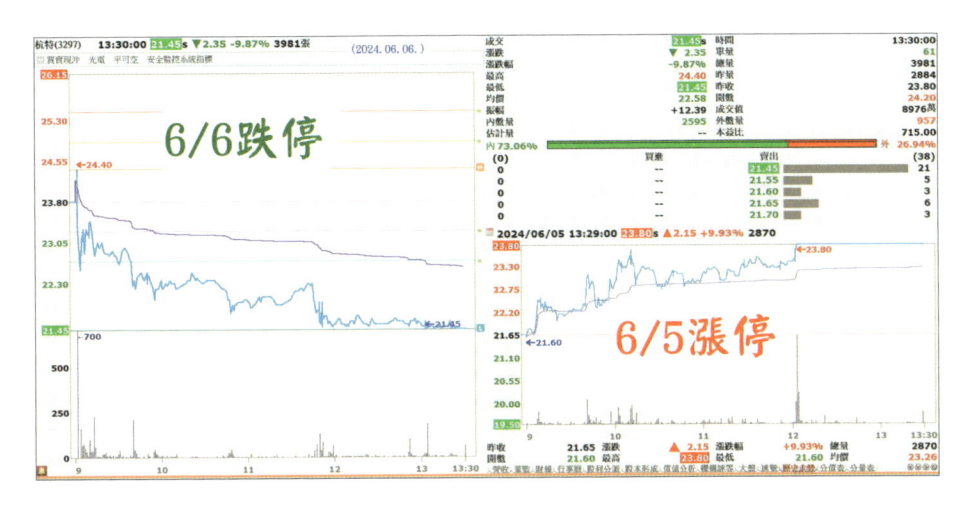

圖61-2　這是以「瀧澤科」（6609）為例，說明隔日沖大戶買漲停的次日也可能繼續漲停。

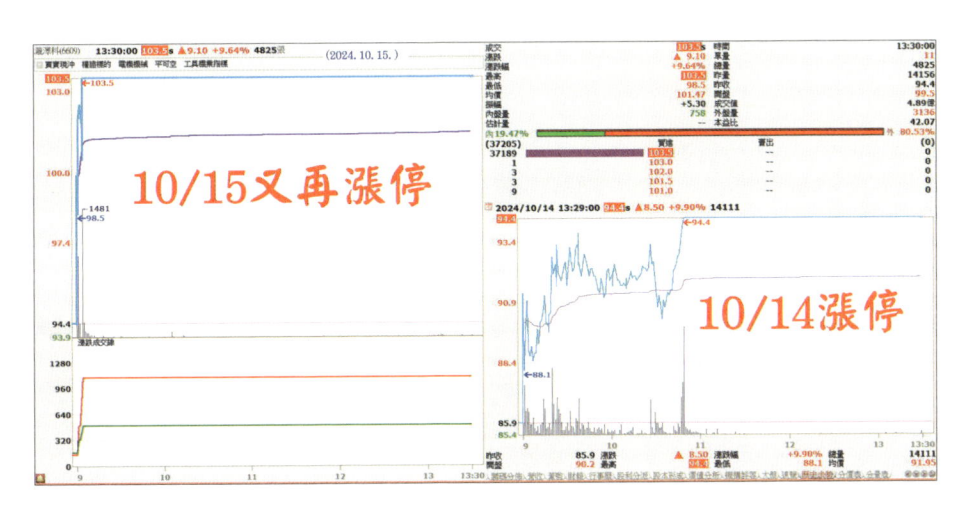

（資料來源：XQ全球贏家）

PART 4　股價與成交量的面面觀

62 隔日沖大戶如何「量滾量」出貨？

　　隔日沖大戶的財力一向龐大，他們動見觀瞻，儘管行動很隱密，但從「量滾量」（量能推動量能）的操作方式，也能看出一些端倪。量大約要在五日均量的一點二倍以上，才叫做「有量」；在五日均量的三倍以上，才叫做「爆量」。大部分隔日沖大戶都是以「買少賣多」、「量滾量」方式呈現的。當他要出貨時，會在「最佳五筆買盤」中掛「假單」，形成買氣很大，但當你掛出買單時，他就賣給你！

你丟我撿，隔日沖大戶接力上攻

　　請看圖62-1，這是以「正達」（3149）為例，說明從籌碼資料就可以看出隔日沖大戶的操作模式。在圖上我們可以看出股價一紅一黑，在圖下券商買賣超也可以看出一天買、一天賣的軌跡。在眾多隔日沖大戶輪流操作下，股價卻越走越高！再看圖62-2，我們從「正達」（3149）的日線圖，也可以窺出隔日沖大戶操作在線型上的軌跡。我們看框起來的六天，都是一天漲停、一天拉高出貨。漲停的三天，量能分別是：26,852、19,639、52,557張，可是第二天他們的「量滾量」都非常驚人：62,805、106,662、82,801張，這都是「量滾量」堆疊出來的結果。如果第二天沒量，就表示他們「出貨不順」了！

圖62-1 這是以「正達」（3149）為例，說明從籌碼資料就可以看出隔日沖大戶的操作模式。

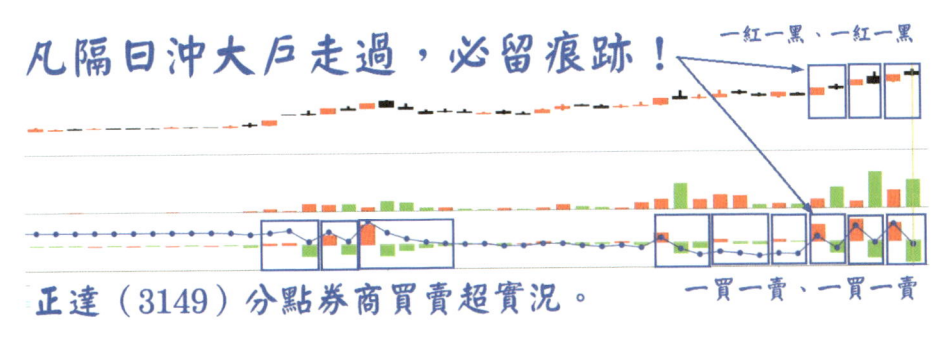

凡隔日沖大戶走過，必留痕跡！　　一紅一黑、一紅一黑

正達（3149）分點券商買賣超實況。　　一買一賣、一買一賣

（資料來源：XQ全球贏家）

圖62-2 從「正達」（3149）的日線圖，也可以窺出隔日沖大戶操作在線型上的軌跡。

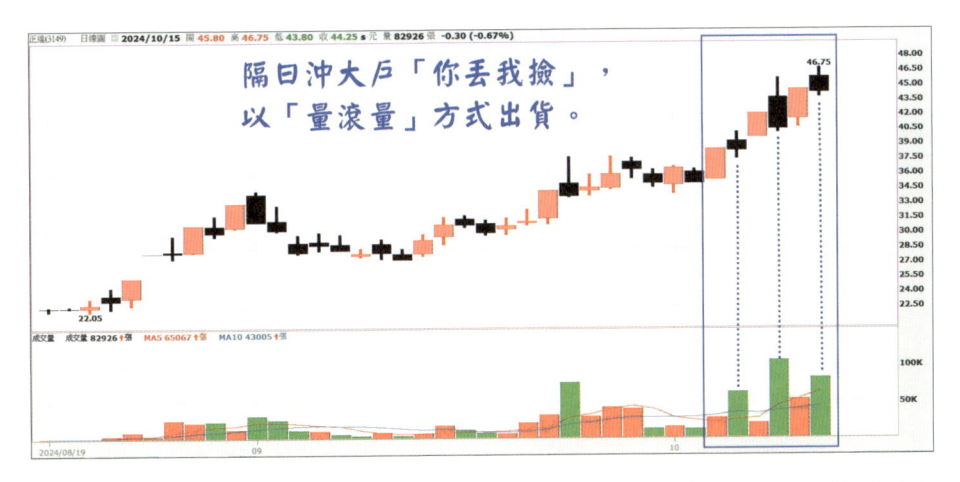

隔日沖大戶「你丟我撿」，以「量滾量」方式出貨。

（資料來源：XQ全球贏家）

PART 4　股價與成交量的面面觀

PART 5

型態學初入門

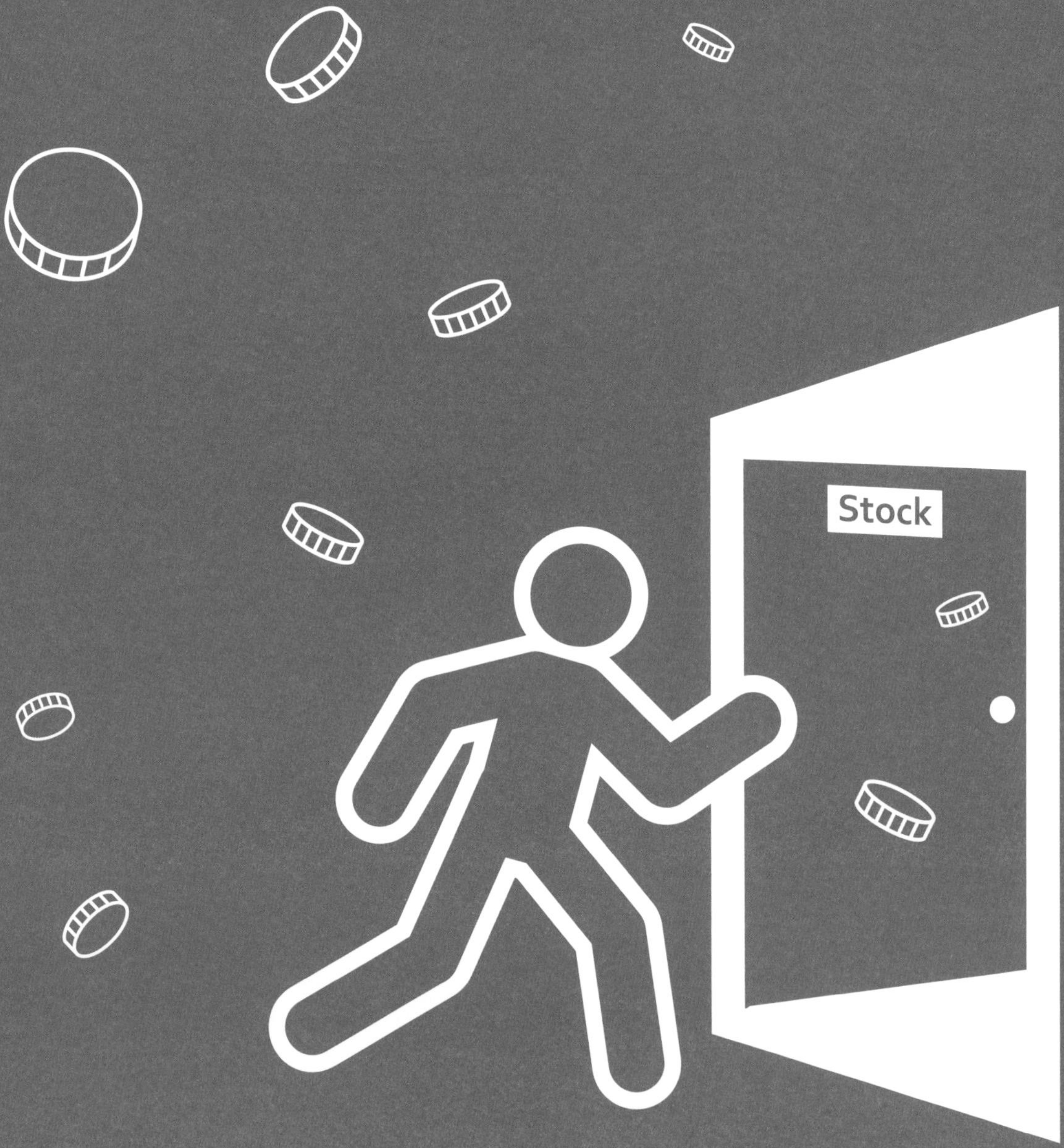
Stock

63 什麼是連續型態、反轉型態和盤整型態？

技術分析的重點，主要有技術指標、型態學，以及趨勢理論。其中的型態學又分為連續型態（繼續型態，或稱延續型態）、反轉型態，以及盤整型態。

繼續型態，是指價格延續原有的走勢。不論在上漲或下跌中，即使價格移動持續一段時間後，進行短暫的休息，又繼續原本的趨勢方向，我們都可以歸納為連續型態。它和盤整型態在某一些區間內的走勢有點類似，通常有三種可能的發展：箱型整理、三角收斂、旗形。除非出現不尋常的突破或跌破，否則它的趨勢都有可能延續或盤整。摸熟了，我們也很容易找到潛在的進出場機會。

反轉型態，常可預見頭部或底部位置

比較不同的型態是「反轉型態」。所謂「反轉型態」，是從一種趨勢轉變為相反趨勢的型態，例如從上漲轉為下跌或從下跌轉為上漲的K線變化。主要的反轉型態，包括有「雙重頂與雙重底」、「圓弧頂與圓弧底」、「頭肩頂與頭肩底」、「V型與倒V型」、「頂部島狀反轉與底部島狀反轉」、以及「菱形頂部與菱形底部」等型態。透過分析反轉型態，我們甚至可以捕捉到可能的「頭部」或「底部」位置。

圖63-1　連續型態、反轉型態和盤整型態等三種型態的詳解。

	型態類別	常見的模式	說明
1.	連續型態	缺口向上 缺口向下 上升旗形 下降旗形 水平旗形	連續型態是一種中繼的圖形，原本是漲勢，一旦出現連續型態，就會繼續漲勢；原本是跌勢，出現連續型態之後會繼續下跌。例如跳空缺口是向上或向下，或旗型是上升、下降、水平，都會依原有的趨勢發展。
2.	盤整型態	對稱三角形 上升三角形 下降三角形 箱型整理	盤整型態，如果以三角形呈現，不論是屬於對稱、上升、下降，都會繼續收斂下去，在還沒有突破「慣性」之前，都會持續盤整下去。箱型整理的原理，也是一樣。
3.	反轉型態	雙重頂與雙重底 多重頂與多重底 圓弧頂與圓弧底 頭肩頂與頭肩底 V形與倒V形 頂部島狀反轉與底部島狀反轉	反轉型態是由很多的K線組合而成，所以它比單一K棒更準確，不僅可以用來判斷多空方向，還可以找到良好的買賣點。例如：雙重頂、多重頂、圓弧頂、頭肩頂、倒V形頂，都是頭部；雙重底、多重底、圓弧底、V形，都是底部。島狀反轉，也依跳空方向而分為頭部或底部兩種反轉型態。

（製表：方天龍）

64 有哪些是做多的型態？哪些是做空的型態？

「做多」是看好一檔股票的後市先行買進，然後等到有一定獲利之後將它賣出；「做空」又叫做「放空」，是看壞一檔股票的後市先行（融券或借券）賣出，然後等到有一定價差之後將股票買回，做個了結。如何判斷它是多頭，還是空頭的股票？可以從均線的「多頭排列」或「空頭排列」，以及短天數均線是否高於長天期均線去衡量。當然，也可以從「技術指標」是黃金交叉，還是死亡交叉去分析。我們這裡要講的是如何利用日、月、週等線圖去看它的型態，這是另一種評估的方法。

重心在上或在下，可以鑑別多空型態

請看圖64-1，這是「XQ全球贏家」軟體提示的幾種「做多趨勢型態」。我們可以發現，不論是「W底」、「有柄神燈」、「圓型底」、「湯匙向左搖」、「湯匙向左搖」、「V型底」、「頭肩底」等七種型態的任一種，它的重心都在下方，線型是向上發散的。再看圖64-2，這是「做空趨勢型態」的幾種類型舉隅，包括「M頭」、「圓型頂」、「右掛雨傘柄」、「左掛雨傘柄」、「尖山頂」、「頭肩頂」等型態，它的特色也像重心在上、線型由上向下發散。記住這些特徵，在看盤操作時，便容易判斷多空了。

圖64-1　做多趨勢型態的類型舉隅。

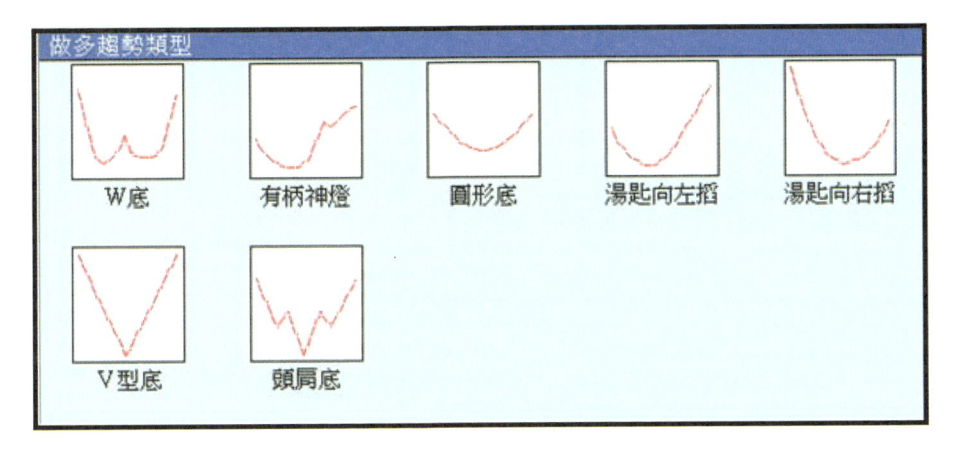

（資料來源：XQ全球贏家）

圖64-2　做空趨勢型態的類型舉隅。

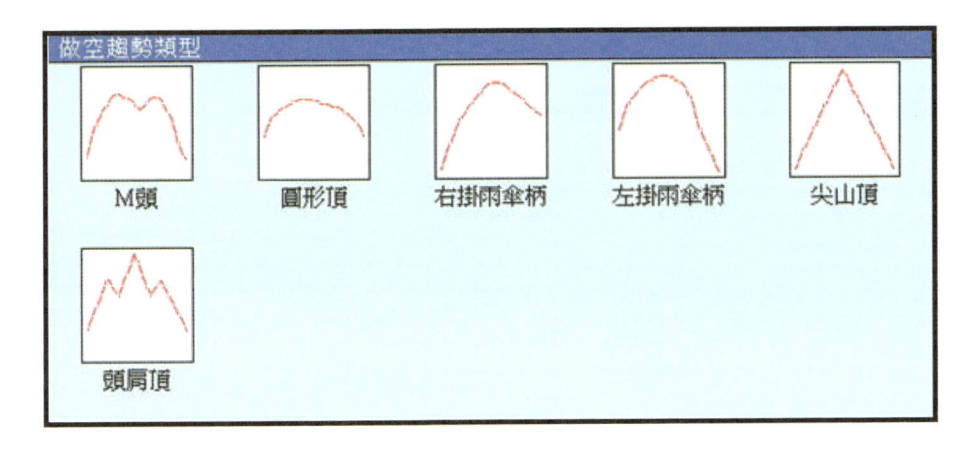

（資料來源：XQ全球贏家）

65 頭肩頂、頭肩底、複合頭肩型，是怎麼看？

「頭肩頂」是常見的做空趨勢型態。它的長相很像一個人肩膀以上的樣子，中間較高的部位是「頭」，兩邊是「肩」。在這區間內低點的連線叫做「頸線」。請看圖65-1，以「正基」（6546）為例，藍色背景的圖形就是「頭肩頂」形態。看起來很像三個山頭。但型態的酷似只是酷似，不見得會是百分之百相像。以XQ全球贏家軟體的機器研判，相似度約為88.32%。萬一有某一個圖形的「兩肩」並不只兩肩（例如兩肩各有一至二個肩），那麼，就是「複合頭肩型」的多重頭肩頂。這也算是「頭肩頂」。

複合頭肩型，是頭肩頂、頭肩底的變型

再看圖65-2，這是以「聯昌」（2431）為例，藍色背景的圖形是「頭肩底」形態。和「頭肩頂」相反的是，「頭肩底」是一種常見的做多趨勢型態。它的外型好像是一個站立、兩手舉起來的人型，底下尖尖的部位是頭部，較高的手肘位置，就是肩。兩肩的高點連線，一般稱為「頸線」。「聯昌」（2431）的案例，依XQ全球贏家軟體的機器研判，相似度約為85.03%。同樣的，如有某一個圖形的「兩肩」並不只兩肩，那麼，也是「複合頭肩型」的多重頭肩底。這也算是「頭肩底」的一種。

圖65-1 以「正基」（6546）為例，藍色背景的圖形是「頭肩頂」形態。

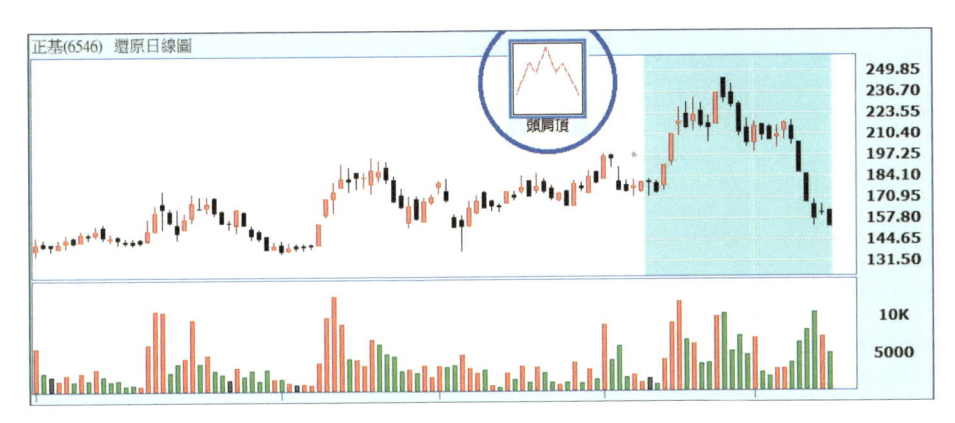

（資料來源：XQ全球贏家）

圖65-2 以「聯昌」（2431）為例，藍色背景的圖形是「頭肩底」形態。

（資料來源：XQ全球贏家）

PART 5　型態學初入門

66 頭肩頂和頭肩底據說很準，如何操作呢？

「頭肩頂和頭肩底據說很準」是成功贏家的事後推衍，然而多數時候，它可能也會有些意外產生而使得它變不準，此外，投資人對頭、肩、頸線部位的認定（例如頸線不一定是水平的，有時可能是傾斜的。），可能也不一定相同，所以結果就不一樣。但無論如何，適合做空的「頭肩頂」和適合做多的「頭肩底」型態，確實在實戰中是最經典的圖形。一般來說，如果型態完整，它的獲利至少是從頸線到頭部價差的一倍。有的主力操作特別順利時，也可能讓股價漲幅更高於一倍。

頭肩底要帶量上攻，頭肩頂卻不一定要有量

當頭肩底型態形成時，股價突破頸線就是買進訊號；當頭肩頂型態形成時，股價跌破頸線就是賣出訊號。請看圖66-1，這是以「聯上」（4113）為例，且是適合做空的「頭肩頂」型態。跌破頸線時，無需帶量跌破，但最好能有3%以上的跌幅比較可靠。再看圖66-2，這是以「藥華藥」（6446）為例，且是適合做多的「頭肩底」型態。右肩在攻擊上漲時，一定要帶量突破，且要有3%以上的漲幅才會有效。失敗的「頭肩底」型態，多半是「假突破」造成的。

圖66-1 以「聯上」（4113）為例，這是適合做空的「頭肩頂」型態。

（資料來源：XQ全球贏家）

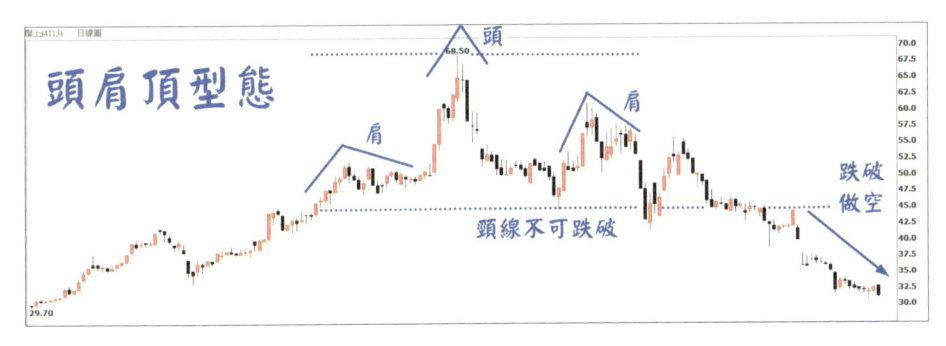

圖66-2 以「藥華藥」（6446）為例，這是是適合做多的「頭肩底」型態。

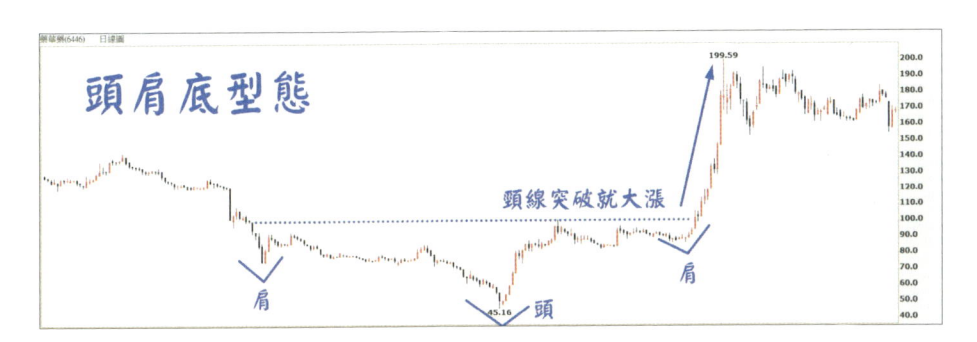

（資料來源：XQ全球贏家）

67 圓形頂、圓形底，有什麼意義？

「圓形頂」和「圓形底」，又叫做「碟形」或「碗形」，是一種不十分常見的反轉型態，多半要以目測的方式判斷。如果是「圓形頂」，適合做空；「圓形底」，則適合做多。這兩者的「價格」表現，都是排列在外緣呈現平滑的圓弧形態，並且沒有特別突出的高低點。

我們就用實際的案例來解釋吧！請看圖67-1，這是以「中租-KY」（5871）為例，說明「圓型頂」的操作方法。❶、❸分別是左、右圓弧。❷是跌破頸線的賣點。不過，跌到❸就止跌了，因為低檔出量了，加上❹❺❻這三根變盤K棒的搭配，行情就反轉向上了。

突破圓弧底若回測不跌，也可加碼

另一方面，再看圖67-2，這是以「宏捷科」（8086）為例，說明「圓形底」的操作方法。藍框內的圖形，就隱隱有「圓形底」的規模，❶❷分別是左、右圓弧，❸是跳空突破「圓型底」頸線的買點。當突破頸線之後，也有可能會回測頸線，如果回測不跌破，就可以加碼買進。此外，至於目標價位呢，也有一種計算方法是＝突破點＋（突破點－圓弧最低點）。但僅供參考而已，其實變數是很多的。

圖67-1　以「中租-KY」（5871）為例，說明「圓型頂」的操作方法。

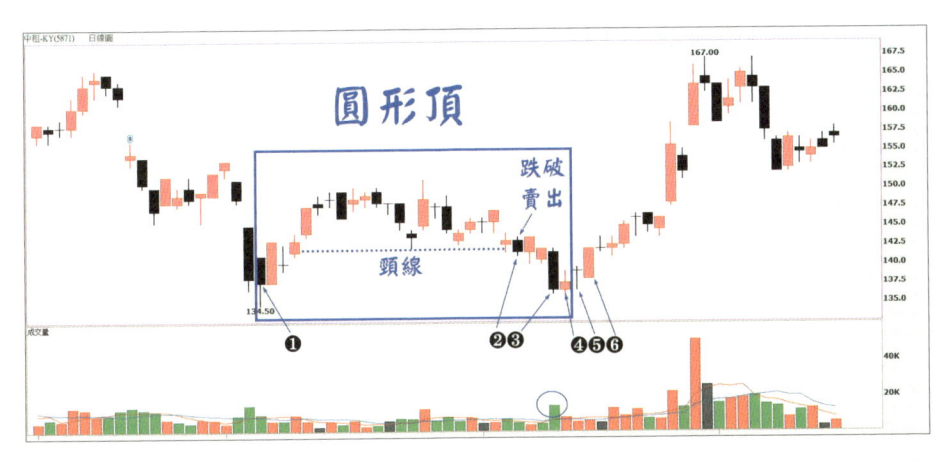

（資料來源：XQ全球贏家）

圖67-2　以「宏捷科」（8086）為例，說明「圓型底」的操作方法。

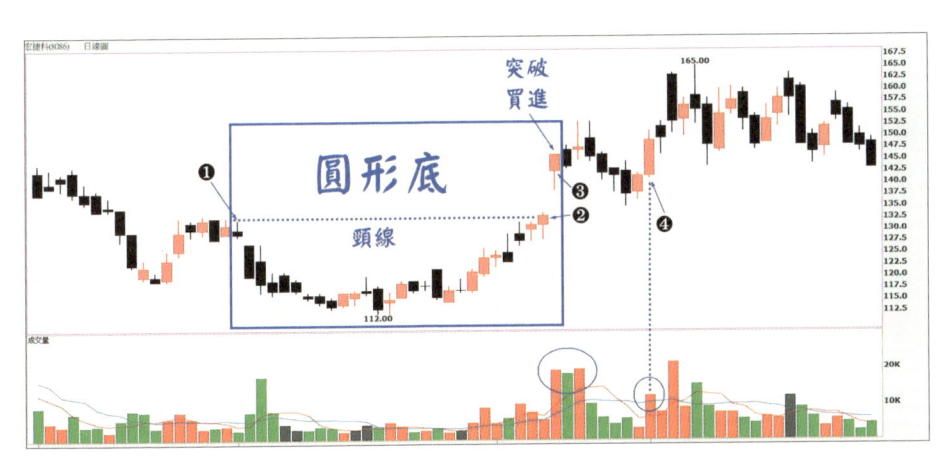

（資料來源：XQ全球贏家）

PART 5　型態學初入門

68 雙重頂、雙重底，有什麼不同？

「雙重頂」和「雙重底」，都是反轉型態。「雙重頂」比較適合做空，它就好像兩頭蛇一樣，明顯有「兩個頭」；它又像雙子星大樓一樣，明顯有兩個尖尖的高點，這種已經「做頭」的型態，如果不很快地警覺，往往你抱持的股票會越跌越深。至於「雙重底」，是指第二次再度來到低點，然後反轉上揚，這就是技術分析常說的「要打出第二隻腳了！」不過，這只是小拉回而已，基本上還是適合做多的。

「雙頭」的兩個最高點或最低點，並不一定在同一水準，兩者相差少於3％是可接受的。

雙重頂、雙重底，又稱為M頭和W底

請看圖68-1，這「雙重頂」是以「元太」（8069）為例。圖中黃色線很像一個M字，所以「雙重頂」也叫做「M頭」型態。❶和❷，是兩個「頭」，此一區間內的低點連線，就是頸線。在❸和❹之間形成跳空向下的缺口。缺口如果不被封閉，多頭的行情就不會到來！再看圖68-2，這是以「佑華」（8024）為例，說明「雙重底」的操作方法。圖中畫出黃色線的部位很像一個W字，所以「雙重底」也叫做「W底」型態。❶和❷是兩隻腳，❸是帶量突破的買進點。❹量縮，如果沒跌破頸線，還可以加碼。

圖68-1　以「元太」（8069）為例，說明「雙重頂」的操作方法。

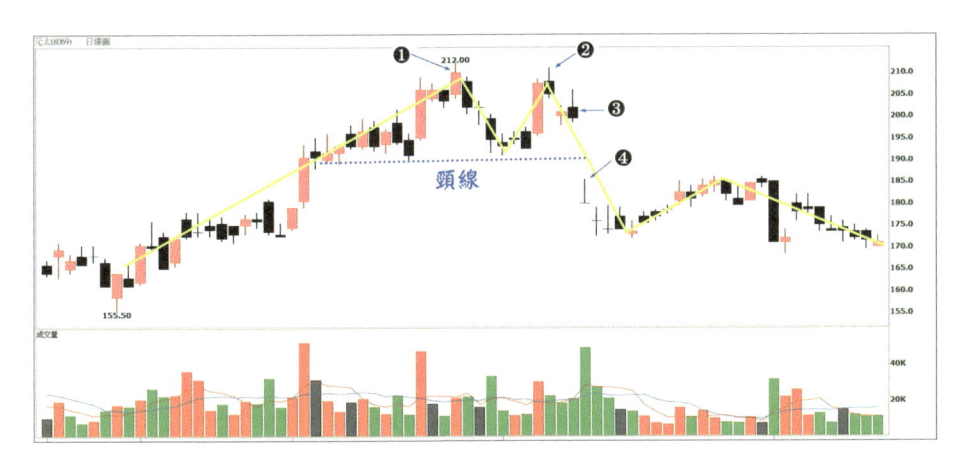

（資料來源：XQ全球贏家）

圖68-2　以「佑華」（8024）為例，說明「雙重底」的操作方法。

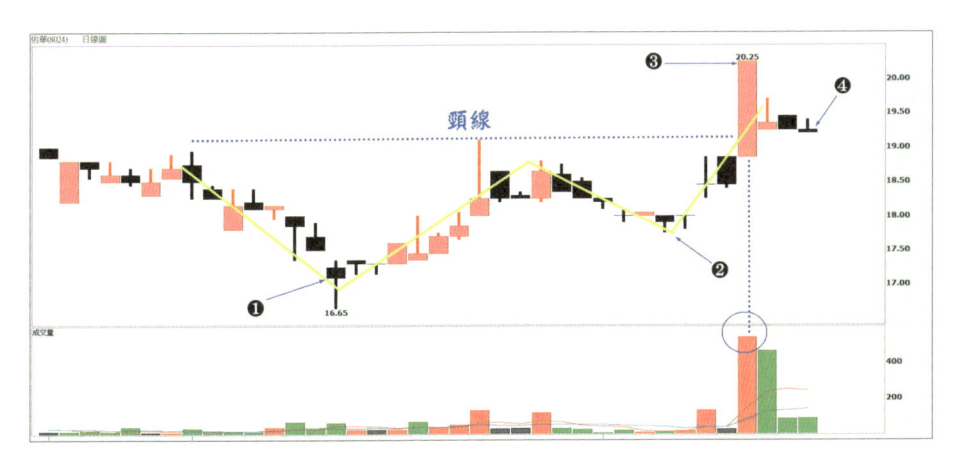

（資料來源：XQ全球贏家）

69 三重頂、三重底，有什麼不同？

「三重頂」和「三重底」乍看之下，會以為和「頭肩頂」、「頭肩底」有點類似，其實是完全不同的，因為前者只重視「頭部」和「底部」，不太管「肩部」。其次，三重頂的底部與三重底的頂部不一定要在相同的價格形成，但最好別相差太多。

「三重頂」只是「雙重頂」的變形而已，但它更適合做空，當高處有壓成慣性之後，通常主力會改弦更張、向下操作。所以，「事不過三」，三重頂之後，天花板就自然成形了。

型態的多空，會因主力的心態而迅速改變

請看圖69-1，這是以「金像電」（2368）為例，說明「三重頂」的操作方法。❶、❷、❸為三個頂部（也就是頭部），❺跌破了頸線就是賣點。但❻的下影線非常長，表示有大戶在低接。果然 把❹、❺之間的缺口封閉了，這就使得此股止跌了。

再看圖69-2，這是以「景碩」（3189）為例，說明「三重底」的操作方法。❶、❷、❸為三個底部。

❹是突破頸線可買進的點。然後，經過數日的量縮整理，到❺的那天再度放量上攻了，可以加碼。

圖69-1 以「金像電」（2368）為例，說明「三重頂」的操作方法。

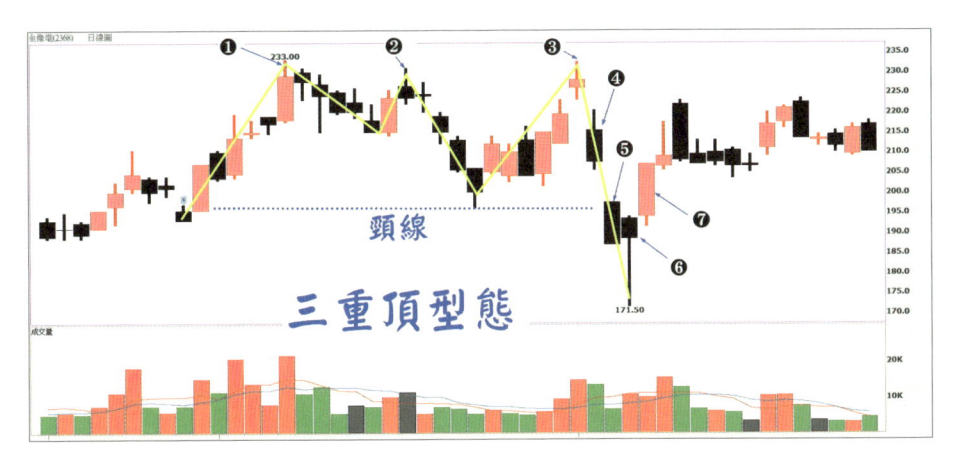

（資料來源：XQ全球贏家）

圖69-2 以「景碩」（3189）為例，說明「三重底」的操作方法。

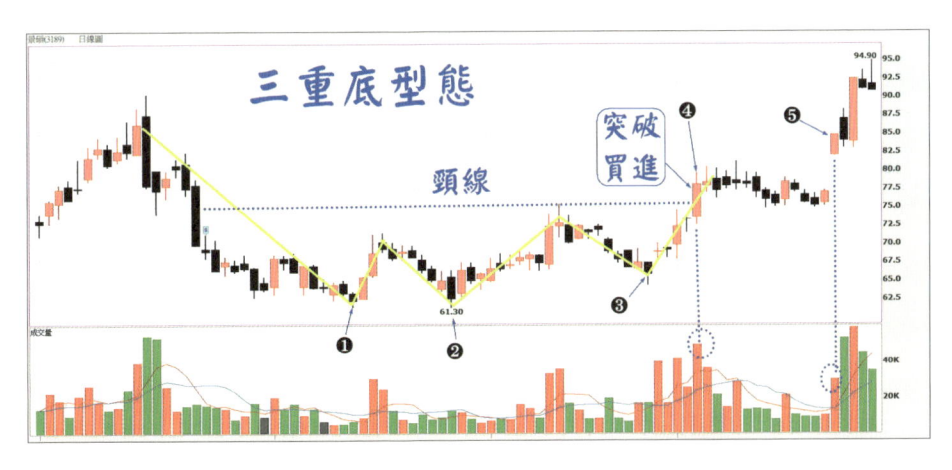

（資料來源：XQ全球贏家）

PART 5 型態學初入門

70 潛伏底（反轉型態）是什麼意思？

「橫有多長，直就有多高」這意思是說，股價橫盤（蟄伏——如動物藏伏在土中，不吃不動）的時間越久，將來會漲的時候漲幅就越大。從技術分析的統計，當一檔大漲、暴漲之後的股票，成為飆股、妖股時，我們回頭看它的起漲點，可以發現多半有一段「潛伏期」（股價不漲不跌、紋風不動），有如情報員隱藏身分似的，看不出有什麼風浪。等他開始「興風作浪」時，我們才發現，多半價格已到「追高」的程度，介入反而非常危險。

爆量的高低點很重要，是漲跌的指北針

請看圖70-1，這是「鴻海」（2317），它曾有一段日子股價潛伏期4個月後，突然開始狂飆，短期內就大漲1.64倍。再看圖70-2，這是「先進光」（3362），它也曾有一段日子潛伏期半年以上，結果股價大漲4.1倍。由此可知，「潛伏底」的看盤法則如下：❶通常「潛伏底」持續的區間應越長越好。不過，也要看股性，有些金融股、營建股常是長期不動。❷投資者必須在長期性底部出現明顯突破時方可跟進。突破的特徵是成交量激增。❸在突破後的上漲過程中，必須繼續維持高成交量。

圖70-1 「鴻海」（2317）曾有一段日子潛伏期4個月後，結果股價大漲1.64倍。

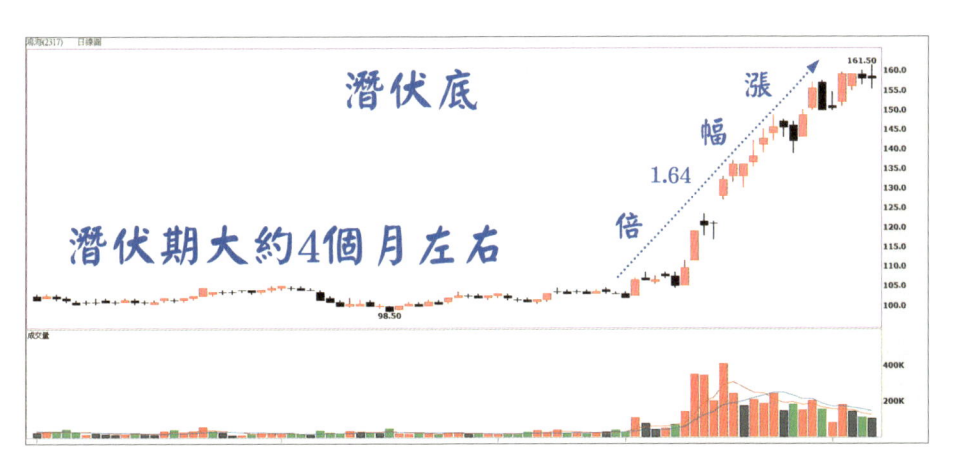

（資料來源：XQ全球贏家）

圖70-2 「先進光」（3362）曾有一段日子伏期半年以上，結果股價大漲4.1倍。

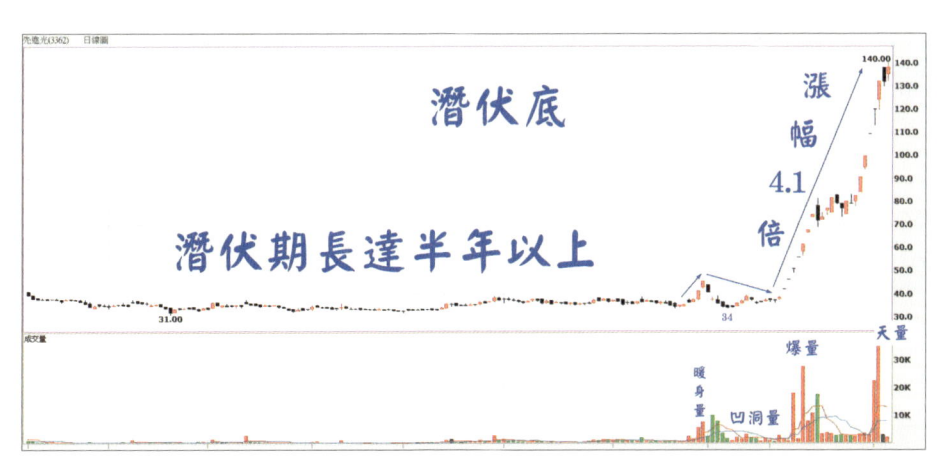

（資料來源：XQ全球贏家）

PART 5 型態學初入門

71 V形、倒轉V形，應該怎麼觀察？

V形，從這個英文字的形狀，就可以看出，這種型態通常出現在價格急劇下跌後迅速回升，形成一個尖銳的底部反轉，通常又被稱為V轉（相反的方向，則稱為A轉）。出現這種情況，通常是由於消息面對某些事件過度反應之後的快速修正。

倒轉V形，剛好與V形的形狀相反，有時是一個利空消息影響，有時是在多頭市場的末升段，因漲多了有太多人要獲利了結，加上空方的勢力大增，於是大家爭相賣出，導致與上漲時一樣的幅度急劇下跌，形成一個「倒V字形」的走勢，所以也叫做「尖頭反轉」型態。

V形變盤向上，倒V高處見流星

請看圖71-1，以「德晉」（3466）為例，這種型態就是「V形反轉」。再看圖71-2，以「金麗-KY」（8429）為例，這種型態就是「倒轉V形」。判斷「V形反彈」，或「尖頭反轉」，通常要注意「成交量」。V形反轉，通常是在下跌過程中，量慢慢縮小，當迅速築底完成後，量就要一直放大，才有動能完成此一型態。「尖頭反轉」剛好相反，在上漲時量越來越大，一旦到尖頭，出量後就慢慢量縮了。

圖71-1　以「德晉」（3466）為例，這種型態就是「V形反轉」。

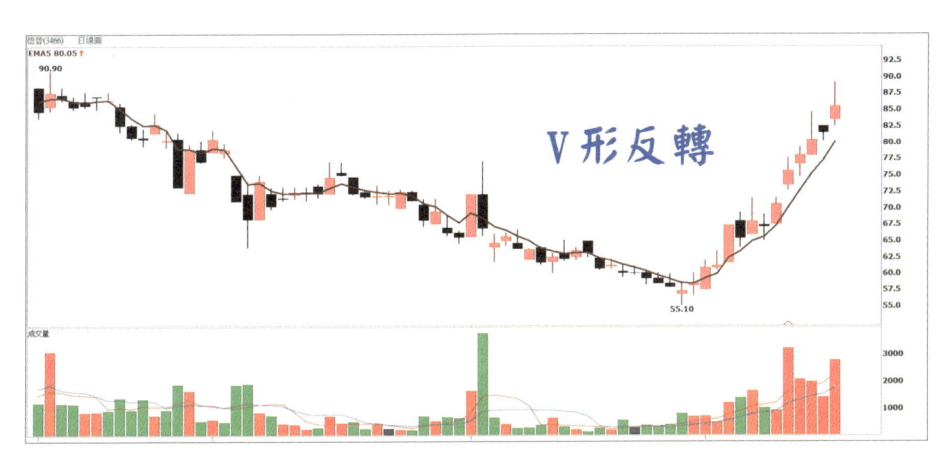

（資料來源：XQ全球贏家）

圖71-2　以「金麗-KY」（8429）為例，這種型態就是「倒轉V形」。

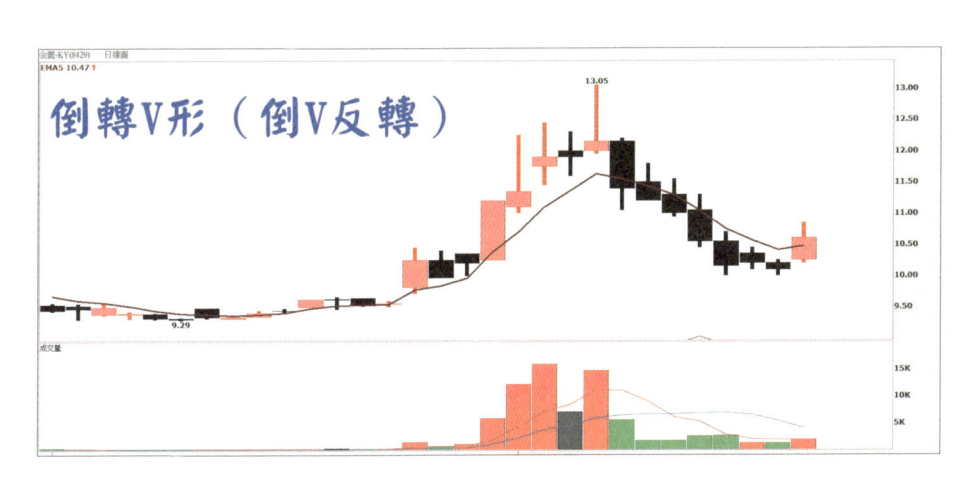

（資料來源：XQ全球贏家）

72 島狀反轉，會往哪一個方向發展呢？

在拙著《100張圖學會K線精準判讀》（財經傳訊出版）一書中，筆者開門見山就提到「缺口」的重要。我說，它就像是一個Surprise、一個驚嘆號一樣，出現在上下兩個價格之間，一片空白，中間完全沒有成交紀錄。如果是向上突破的缺口，中間價位根本買不到；如果是向下跌破的缺口，中間價位根本賣不掉。而在所有的K線組合中，「島狀反轉」可說是與「缺口」最有關連的一種。因為在左、右兩個缺口之間，它幾乎能很精準地引導出行情的方向，不可不知！

K線群組有如孤島，最後的缺口決定方向

請看圖72-1，這是以「嘉澤」（3533）為例，❶❷、❸❹、❺❻之間，都各有一個缺口。在左邊和右邊缺口之間的K線群，就像形成一個「孤島」狀態，之後卻在右邊缺口反轉向上。可見這是「島狀反轉」的特色──以右邊的缺口為引導方向的標準。再看圖72-2，以「京元電子」（2449）為例，❶❷、❸❹是在同一方向的缺口，可是到了❺❻之間的缺口，就不同了。它是「右邊」的缺口，這個「島狀反轉」將會引導行情向下。所以，右邊的缺口之後K棒的方向更重要，它能「確認」缺口的方向。

圖72-1 以「嘉澤」（3533）為例，島狀反轉引導行情向上。

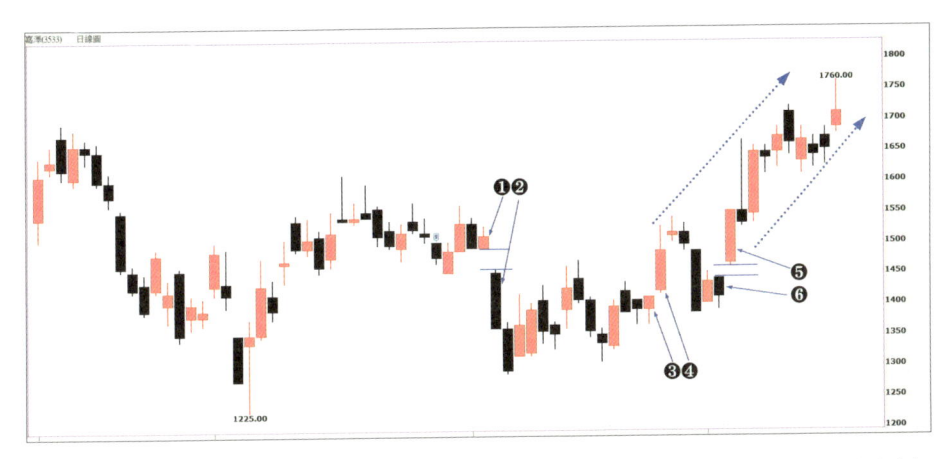

（資料來源：XQ全球贏家）

圖72-2 以「京元電子」（2449）為例，島狀反轉引導行情向下。

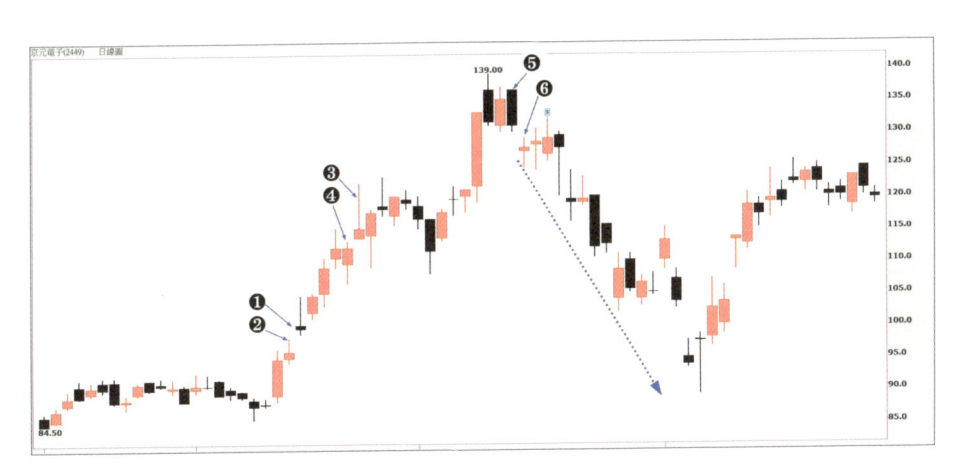

（資料來源：XQ全球贏家）

PART 5 型態學初入門

73 喇叭形、菱形的圖形，該如何看待？

在上升趨勢中，多空對決越來越激烈，股價的振幅也由小慢慢變大，每一次的競爭高點都創了新高，而來到低點也在創新低，這樣的高點連線與低點連線就形成一個類似喇叭口的形態。當股價跌破喇叭口下軌時，將反轉向下，於是頭部形成，這就叫做「喇叭形態」。請看圖73-1的圖左示意圖。

喇叭形型態是擴張形態的一種，但是很少見。不過，一旦出現，通常就是行情趨勢的重要頭部。原本在一個軌道內，下軌道如果跌破，要再回到高點就難了。迅速停損可能才是最佳上策。

圖形不常見，需要發揮一些想像力

圖73-1除喇叭形型態之外，還有菱形（圖在喇叭型態的右方，包括菱形頭部型態，以及菱形底部型態）。學過數學的人都知道，由對角線互相平分的四邊形為平行四邊形，凡是菱形、矩形與正方形等等，都是平行四邊形。不過，像菱形這一類的圖形，很難找到，只能說要發揮一點想像力。即使有，也只能說是相似，而無法等於。基本上，菱形頭部型態是由下方向上發展，然後出現頭部後成為反轉型態。菱形底部型態，則剛好相反。它是由上向下發展到底部後反轉成為向上的趨勢。

圖73-1 「喇叭型態」、「菱型頭部型態」、「菱型底部型態」示意圖。

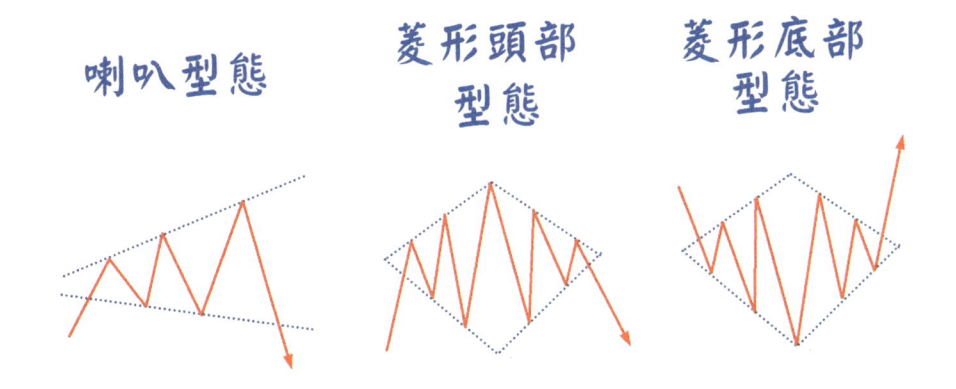

（繪圖：方天龍）

圖73-2 以「友威科」（3580）為例，說明「喇叭型態」。

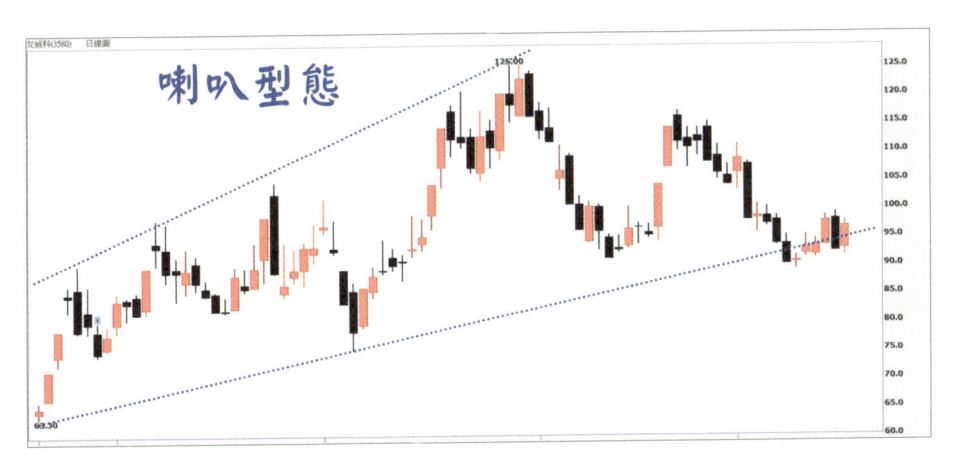

（資料來源：XQ全球贏家）

PART 5 型態學初入門

74 對稱、上升、下降三角形，會有什麼變化？

　　三角形型態，重點是在「收斂」。收斂三角形，是一種常見的整理型態。它可進一步細分為三種類型：對稱三角形、上升三角形和下降三角形。

　　請見圖74-1，圖左的「對稱三角形」是指兩邊由左向右收斂的三角形，上下兩條虛線都要均衡、對稱。圖中的「上升三角形型態」，兩條虛線上面的是壓力線，下方的則是由下向上的支撐線。圖右的「下降三角形型態」，兩條虛線上面的是由上向下的壓力線，下方的則是水平支撐線。

三角形的關鍵，在於收斂之後的方向

　　請看圖74-2，這是以「光聖」（6442）為例，突破三角形收斂的「下降壓力線」會有一波行情。「光聖」是電子中游的通訊設備股。在2024年曾從65元的價位飆到558元（為期僅7個半月），堪稱為一檔有「飆股血統」的股票，像這樣的股票還會漲嗎？當然有機會，但必須先作整理——於是就慢慢形成了「三角形收斂」的「下降三角形型態」，我們把它畫出它的三角形態，下方就是水平支撐線，上方就是下降壓力線。一旦突破上方的壓力線，就會有一波上升行情，股票就繼續漲。

圖74-1 由左至右：對稱、上升、下降三角形的示意圖。

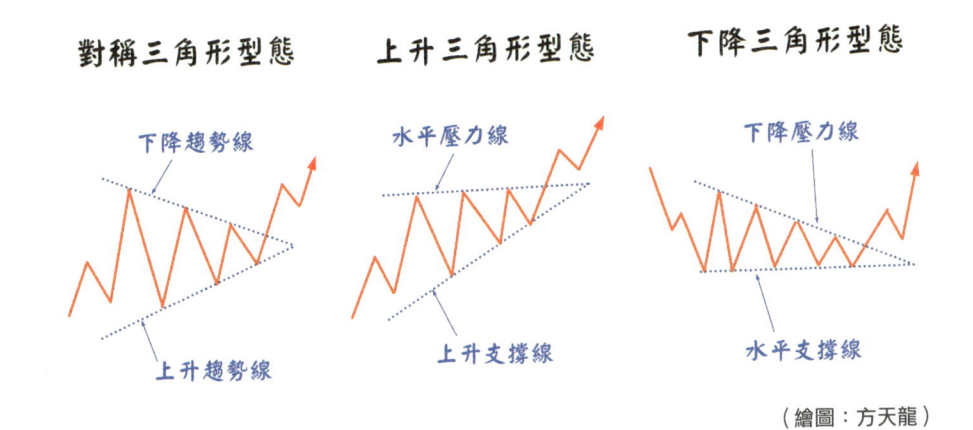

圖74-2 以「光聖」（6442）為例，突破三角形收斂的「下降壓力線」會有一波行情。

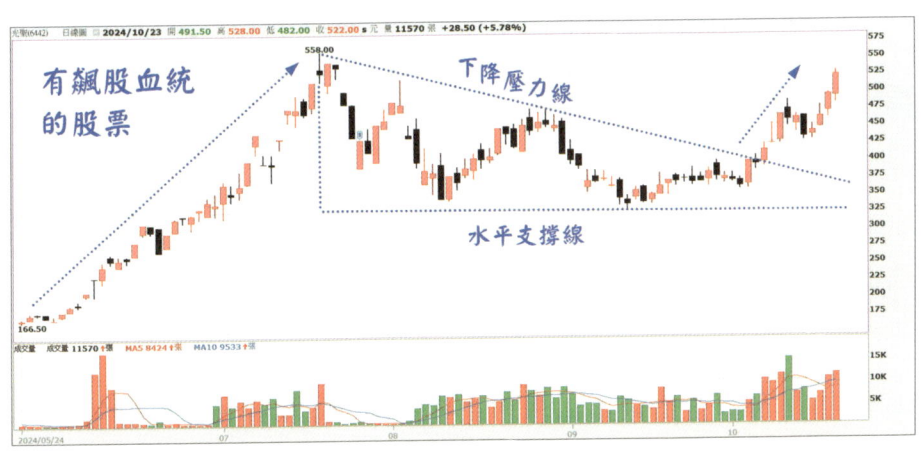

（資料來源：XQ全球贏家）

PART 5 型態學初入門

75 上升楔形、下降楔形，如何解讀判斷？

「楔形」到底是什麼形狀？發明技術線型的前輩把這名稱也訂得太艱澀了吧！它絕對不像古文明的楔形文字，可能靈感來源是「楔形女鞋」、「楔形涼鞋」。鞋面和鞋底，確實不是兩條平行線。也就是說，是一種不平行的兩條線構成、有點像「梯形」的型態。基於股市有漲有跌，所以楔形也分為「上升楔形」和「下降楔形」兩種。請看圖75-1的示意圖。在兩條虛線的上下方，分別為賣出、買進的點位。一旦跌破或突破上升、下降楔形，可能會再一次回測，確認之後股價才會沿著原本的方向發展。

楔形通道，可以買賣賺取價差

請看圖75-2，這是以「聯上」（4113）為例，說明下降楔形的買賣點所在。在上、下兩條藍色虛線之間，形成不平行的通道。由於是趨勢向下，在此一通道的上方不妨先行短線賣出，在通道的下方則可以再次買回。圖中的❶、❸，都是適合買進的點位；❷、❹則是適合賣出的點位。到了❺跌破下通道就要小心了。❻能否守住這個關鍵位置需要觀察。回測結果 呈長黑、有效跌破了！這個下降楔形就結束了，它已經顯示跌定了！可見下降楔形的結果，不一定是突破向上，它也可能會繼續下跌。

圖75-1　上升楔形、下降楔形的示意圖。

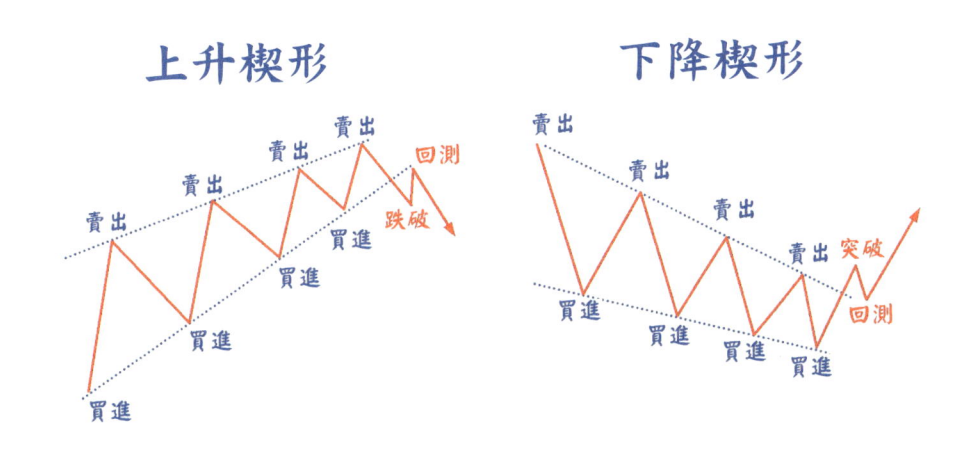

（繪圖：方天龍）

圖75-2　以「聯上」（4113）為例，說明下降楔形的買賣點所在。

（資料來源：XQ全球贏家）

76 旗形也是型態的一種嗎？如何操作？

旗形，大家都很容易懂了。旗通常是由一根旗桿和一個旗面組成。旗桿就是一連串同一個方向的K棒。旗面，多半是四邊形，當然也有三角形的旗子。三角旗，我們不妨把它歸類在第74單元的「對稱、上升、下降三角形」去探討。請看圖76-1，這是上升旗型、下降旗型的示意圖。這裡所繪製的都是四邊形的旗面。左圖是「上升旗形」，右圖是下降旗型。

旗面是一個通道，通道盡頭會有改變

旗形是一種整理形態。即型態完成後股價將繼續原來的趨勢方向移動，上升旗形將有向上突破，而下降旗形則是往下跌破。請看圖76-2，這是以「創意」（3443）為例，說明上升旗型的經典案例。它先是有一連串向上的K線群組，形成旗桿，到了一定的高點，卻突然改變「慣性」，由一根長黑引導走勢向下發展，形成一個平行的通道，一直到尾端，再度突破這面旗的上緣，於是脫離這面旗的軌道，往上發展了。這型態必須在急速上漲或下跌之後出現，成交量則要在形成形態期間不斷地減少。當往上突破時，必須要有成交量激增的配合；當下降旗型向下跌破時，成交量也不能萎縮。

圖76-1 上升旗形、下降旗形的示意圖。

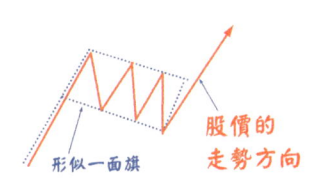

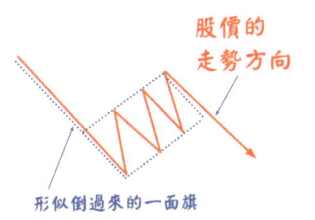

（繪圖：方天龍）

圖76-2 以「創意」（3443）為例，這是上升旗形的經典案例。

（資料來源：XQ全球贏家）

PART 5 型態學初入門

77 「缺口」為什麼特別重要？

「缺口」一向是筆者認為技術分析最重要的一個單元。值得高手經常複習，也是新手必學的一項理論。它關係著大盤或個股走勢的強、弱，以及進出場的時機。所以，通常老手都會畫線定價（抓出它的上下緣位置的價位），作突破或跌破（一般稱為「填補」或「封閉」缺口）的判斷依據。

缺口分為普通和突破缺口。在一大波段的漲、跌勢中，都有三種缺口：❶起漲缺口（起跌缺口）。❷逃逸缺口（又稱「中繼缺口」，可以不只一個）。❸竭盡缺口。

夜空雙星之後，股價一瀉千里

請看圖77-1，這是以「加權指數」（TSE）為例，說明下跌過程中的各種缺口。圖中❶❷❸❹四根K棒，其實已構成作空的K線型態（叫做「夜空雙星」），途中歷經起跌缺口、逃逸缺口(非常多的中繼缺口)、竭盡缺口，股價已跌一大段。能說缺口不重要嗎？再看圖77-2，以「華新」（1605）為例，用最清楚的方式告訴您什麼叫做「封閉」缺口。因為很多新手聽不懂什麼叫做「填補缺口」，其實改用「封閉」缺口，應該就懂了。圖中❸把❶和❷之間的缺口「封閉」掉，行情就有向上突破希望了。

圖77-1 以「加權指數」（TSE）為例，說明在下跌過程中的各種缺口。

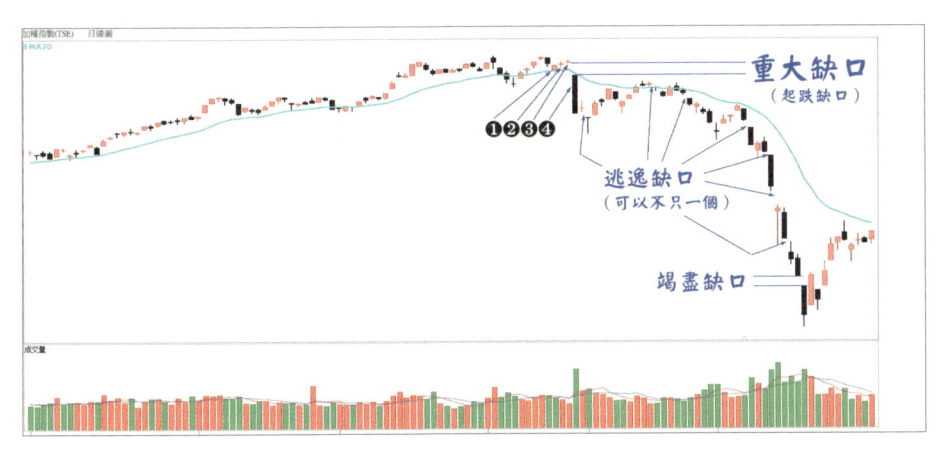

（資料來源：XQ全球贏家）

圖77-2 以「華新」（1605）為例，用最清楚的方式告訴您什麼叫做「封閉」缺口。

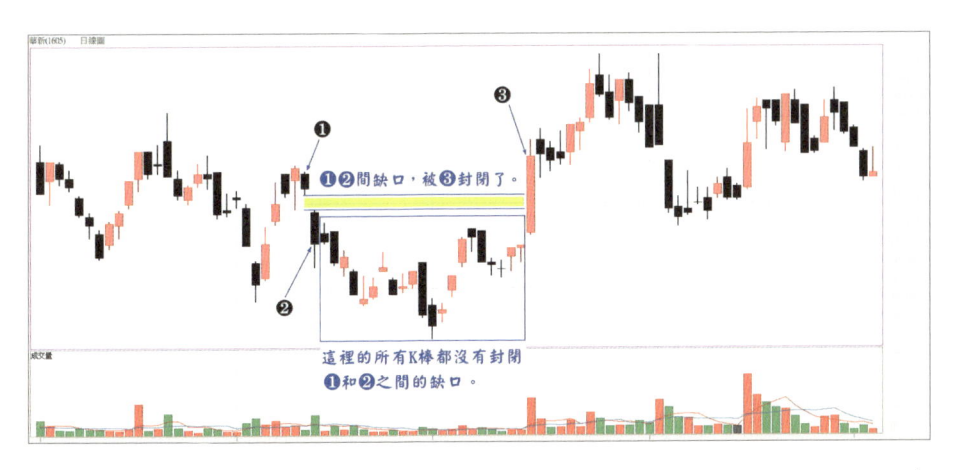

（資料來源：XQ全球贏家）

PART 5 型態學初入門　175

78 壓力與支撐，是如何轉換？

　　一個人年輕時的好身材，是「支撐」他（她）穿什麼衣服都好看的主因；過了四、五十歲，身體發福，除非保養有道，不然原本「支撐」他（她）被稱為「俊男美女」的「年齡」，就變成壓力了（不想講）。可是，如果不從青春和膠原蛋白的多寡，而從經驗智慧來評價，資深男女的價值就轉高了。技術分析對「支撐」與「壓力」也有此一說：壓力線一旦突破，壓力線就變支撐線。同樣的，如果年長而無智慧，也可能因不再年輕，變成一無可取。也就是說，支撐一旦跌破，支撐線就變壓力線了！

突破與跌破支撐壓力，必先獲得確認

　　圖78-1以「大同」（2371）為例，說明壓力突破之後會轉變成支撐的情況。左邊這條「壓力線」突破後上攻，漲多自然拉回，大約會在前面的支撐線附近回測，一旦沒有重重跌破（小幅差距無所謂），多半有了支撐（當初的壓力轉變成支撐）。再看圖78-2的案例，這是以「華泰」（2329）為例，支撐線一旦跌破，支撐線就轉換為壓力線。這種轉換，重點在於要確認支撐是否被跌破。這中間也有真假突破或跌破的問題，但無論如何，壓力改變成支撐，支撐改變成壓力，完全看價量是否產生重大變化！

圖78-1　以「大同」（2371）為例，說明壓力會轉變成支撐的情況。

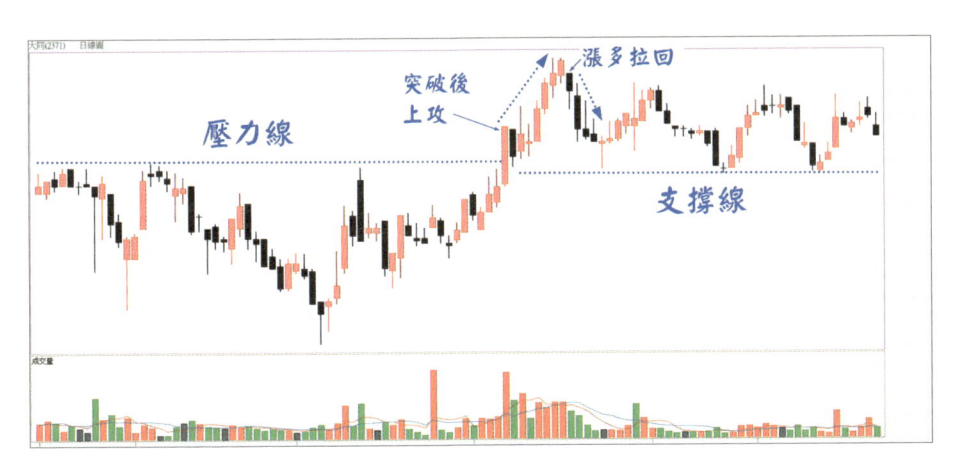

（資料來源：XQ全球贏家）

圖78-2　以「華泰」（2329）為例，支撐線一旦跌破，支撐線就轉換為壓力線。

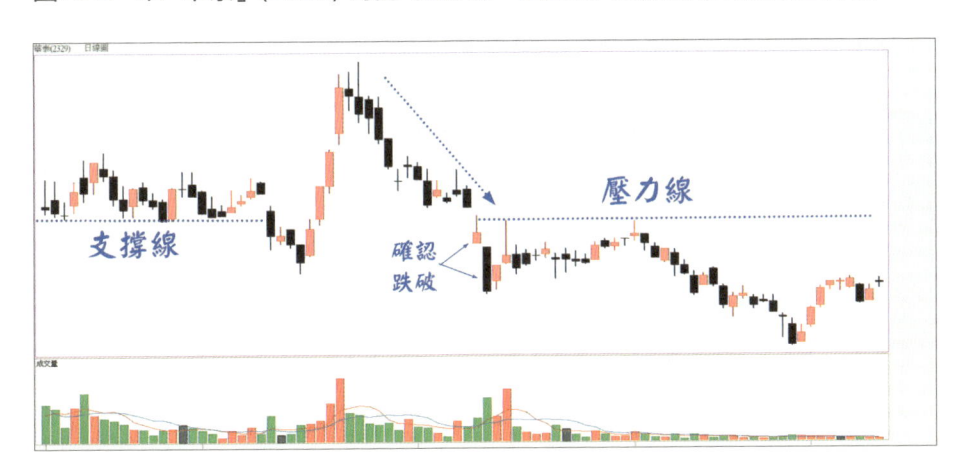

（資料來源：XQ全球贏家）

PART 5　型態學初入門　177

PART 6

技術指標
淺釋與應用

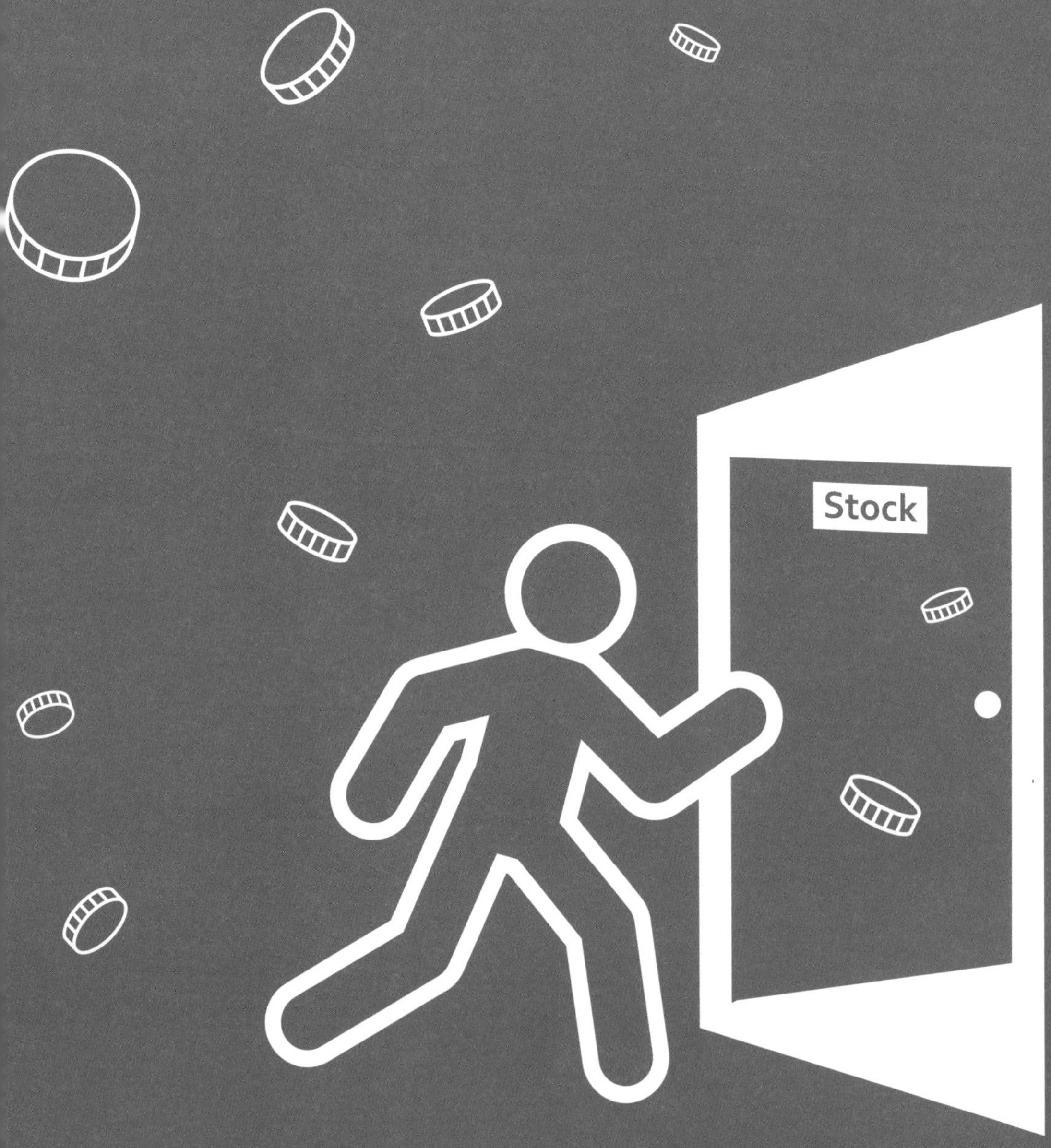
Stock

79 葛蘭碧八大法則的觀察與判斷

「葛蘭碧八大法則」是美國經濟學家葛蘭碧（Granvile Joseph）深入研究股價走勢後提出的理論。這是他在1960年提出「移動平均線」理論之後，再度推出的經典之作。所有的買進與賣出的時機，都可以在這個法則中悟出「進、出場時機」，是筆者最推崇的「新手必學」的操盤技巧。它的重要性和「缺口」理論一樣，非常實用。請看圖79-1的詳解。葛蘭碧進出八大法則如下：❶❷❸❹是買點，❺❻❼❽是賣點。圖中的虛線是均線，並不限於什麼參數，也適用於日、週、月、分鐘線。

兩個買點容易有變數，研判清楚再出手

圖79-2，是以「台灣精銳」（4583）為例，用3分鐘線為參數的買、賣點解說。如果懂得筆者所標示的意涵，當天短線操作就會成為贏家。讀者不妨對照圖79-1來看，就能獲得股市操作的機密。大部分輸家都是忽略了它的重要性，所以一直沒有進步。筆者要強調的是，圖79-2中❶和❷是容易誤判的點位，新手可以放棄，因為❶跌破均線太深，有時就會一直下去；❷在跌破均線後因乖離過大搶反彈買進後，有時也會因拉不上去而被套牢。這兩個點位是比較不可靠的買點，一定要研判清楚才出手。

圖79-1 「葛蘭碧移動平均線八大法則」的八個買賣點詳解。

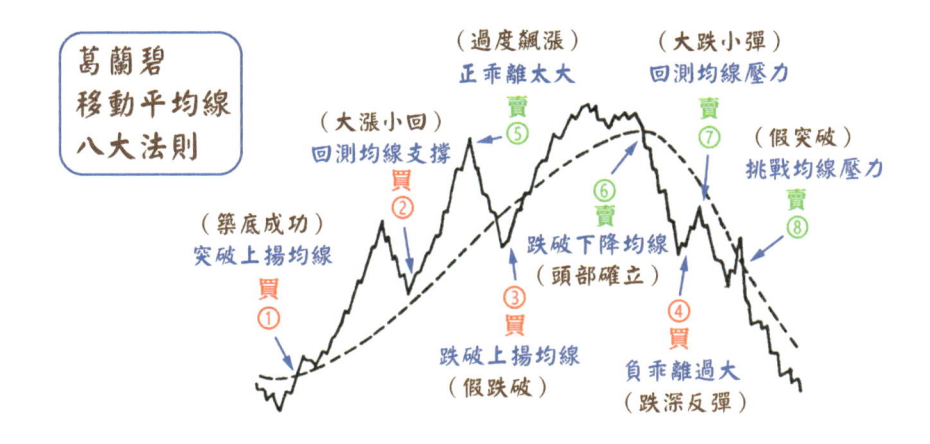

（繪圖：方天龍）

圖79-2 以「台灣精銳」（4583）為例，套用「葛蘭碧八大法則」就能輕易成為贏家。

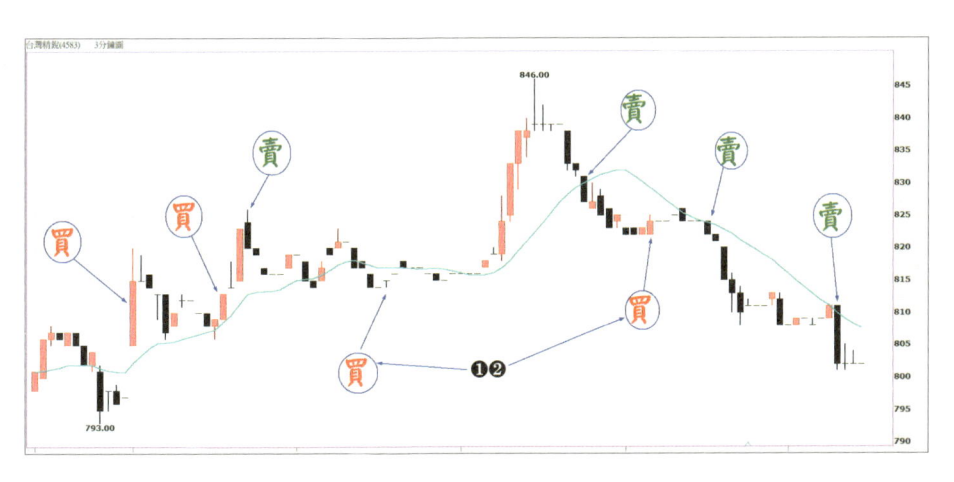

（資料來源：XQ全球贏家）

PART 6 技術指標淺釋與應用

80 黃金交叉與死亡交叉的觀察與判斷

黃金交叉（Golden Cross）代表看多訊號，死亡交叉（Death Cross）代表看空訊號。當「股價」與兩條「移動平均線」都同樣上揚，且比較短期的移動平均線由下往上突破比較長期的移動平均線時，稱為「黃金交叉」。——只要在這兩條移動平均線交叉時買進之後，便有如收到黃金一樣財源滾滾。^_^ 相反的情況，則叫做「死亡交叉」，其實如果站在放空的立場，做得對，也一樣能獲利滿滿。「黃金交叉」，除了應用在「移動平均線黃金交叉」之外，諸如KD、MACD等，也可以適用。

突破與跌破支撐壓力，必先獲得確認

請看圖80-1，這是「黃金交叉」與「死亡交叉」的示意圖，明顯是指兩條均線的交叉結果。很多新手總是會問「什麼是短期、中期、長期均線？」——5、10日算是短期，20、60日算是中期，120、240日算是長期。不過，「交叉」是「比較」的概念。兩條均線誰交叉在上面，能分辨就行。此外，至於圖80-2，是以「聯寶」（6821）為例，在此區間內不同時段曾出現「死亡交叉」和「黃金交叉」。為什麼說「有效的」呢？因為漲跌幅太小的K棒，有時也會形成「假突破」或「假跌破」。

圖80-1 這是「黃金交叉」與「死亡交叉」的示意圖。

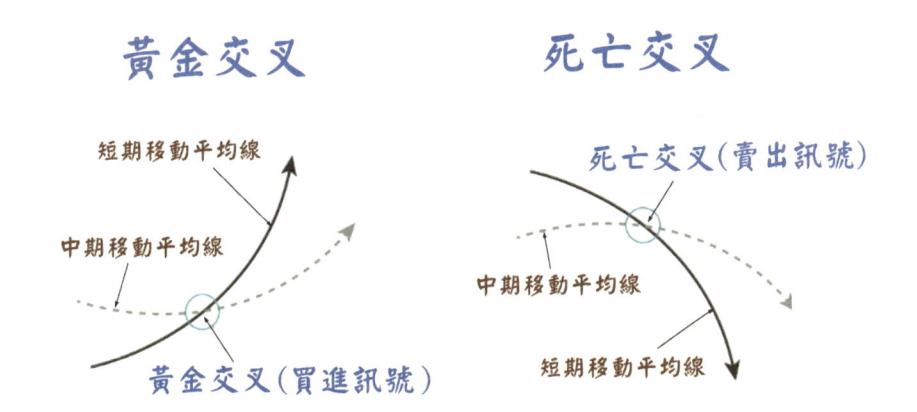

（繪圖：方天龍）

圖80-2 以「聯寶」（6821）為例，在此區間內不同時段曾出現「死亡交叉」和「黃金交叉」。

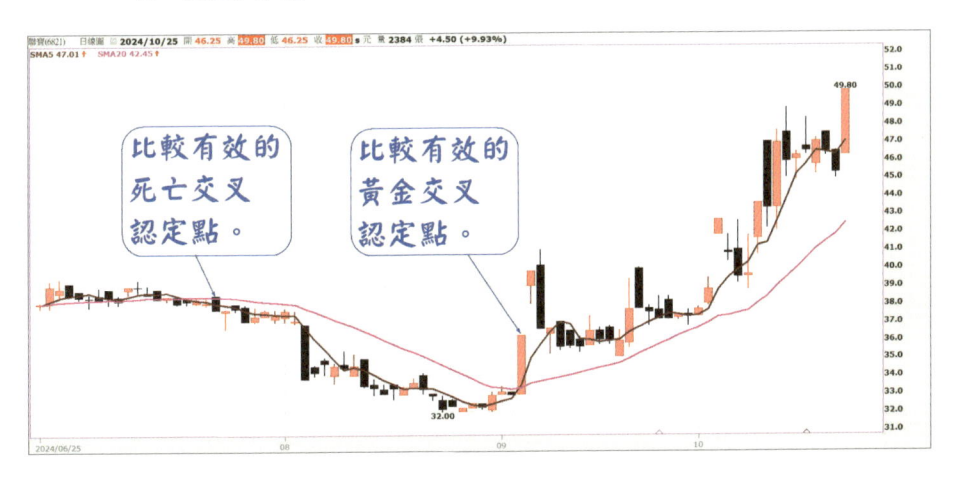

（資料來源：XQ全球贏家）

PART 6 技術指標淺釋與應用

81 移動平均線（MA）的觀察與判斷

　　分辨大盤或個股的趨勢時，「移動平均線」（MA）最可靠，也最容易掌握行情和位階。移動平均線依計算期間的長短，可分為短期、中期、長期移動平均線。在多頭市場，移動平均線從「短均線」開始，逐條向上彎，逐漸擴散至「中均線」及「長均線」，形成「全多排列」，如果是3條均線多頭排列，叫做「三線開花」；4條均線多頭排列則叫做「四線開花」，以下類推；在空頭市場，移動平均線從「短均線」開始，逐條向下彎，逐漸擴散至「中均線」及「長均線」，則形成「全空排列」。

使用大家常用的參數，研判比較容易客觀

　　移動平均線的參數，最常見的有5、10、20、60日均線。相關的特性，請看圖81-1。以中長期來說，5日和240日兩條均線一起觀察，非常犀利。為什麼不永遠用同樣的標準？因為有時乖離太大了，在日線圖上根本看不到240均線。以個股來說，在正常情況，一般都是以20日和60日為多空分界，且最容易看得到成果。在週線來說，也以10週、20週線來判斷多空，最為普遍。參數使用並無一定標準，但筆者認為，用大家常用的參數，比較容易取得「集體共識」，在判斷上也比較容易精準。

圖81-1 以「大同」（2371）為例，說明壓力會轉變成支撐的情況。

參數	內涵	特性
5日移動平均線	一般叫做「周線」	個股跌破5日線，代表短線股票轉弱。強勢股宜用這條線作短線進出標準。
10日移動平均線	一般叫做「雙周線」	兩周只有十個交易日，所以稱為「雙周線」。10日線，通常是投信衡量的標準。
20日移動平均線	一般叫做「月線」	除非隔日沖大戶，否則一般主力多以20日線為成本線。 也有人用18或21或22日為參數。
60日移動平均線	一般叫做「季線」	這是法人的成本區，又叫做「法人線」或「景氣線」。它是最具法人與市場景氣性質的移動平均線，也是中期多頭、空頭市場的分界點。 也有人用55日為參數。
120日移動平均線	一般叫做「半年線」	有些高手會以「近一交易日股價創120日新高」為選股條件，可見半年線也可以判斷多空。也有人用130或180為半年線。
240日移動平均線	一般叫做「年線」	年線代表「基本面」或「大股東成本線」。 在國外，通常使用200日線來代表年線，而台股通常以240或260或280為主。 指數跌破年線時，大多數的股票都會出現暴跌50%的腰斬走勢，甚至從百元以上跌成雞蛋水餃股的比比皆是。 有時，加權指數在跌破年線後，會整整跌了1年的時間才重回年線以上；突破年線後，也可能整整走了2年的多頭行情才結束。

（製表：方天龍）

82 隨機指標（KD線）的觀察與判斷

「KD指標」(stochastic oscillator)，也叫做「隨機指標」，它可說是最常見也最多人愛用的技術指標了。K、D，是兩條線，屬於一種「擺盪指標」，因為它們永遠只會在0與100之間的數值擺盪。突破80，就是「超買區」，表示太多人買了、過熱了；跌破20，就是「超賣區」，表示被太多人賣了，夠慘了。K、D永遠朝同一個方向，但K波動較大，當它交叉D而上，就是黃金交叉；D交叉K而上，就是死亡交叉。關於KD有兩個值得探討的深度議題，就是「鈍化現象」和「指標背離」。

鈍化和背離，是KD的深度議題

請看圖82-1，以「聯亞」（3081）為例，說明指標的「鈍化現象」。KD鈍化現象，意思就是一直在數值80以上，居高不下，近年高手們的研究都打臉了傳統教科書的理論——其實，「鈍化」是好的，表示股價很強，不可隨便賣掉。圖中❶開始鈍化，直到❷才死亡交叉。對這種現象，順勢操作是上策。圖82-2，是以「緯創」（3231）為例，說明KD「指標背離」的現象。❶❷都是股價跌下來、KD卻向上。由於背離，所以❸形成假跌破。❹交叉意義不大，直到❺❻❼黃金交叉，終歸是向上的趨勢。

註解：當股價或指數創新高，但是指標卻無法創新高的狀況，這時就稱為「牛市背離」，另一種是熊市背離，當股價或指數創新低，但是指標卻無法創新低的狀況，就稱為「熊市背離」。不論牛市或熊市背離，都是指標背離。

圖82-1　以「聯亞」（3081）為例，説明指標的「鈍化現象」。

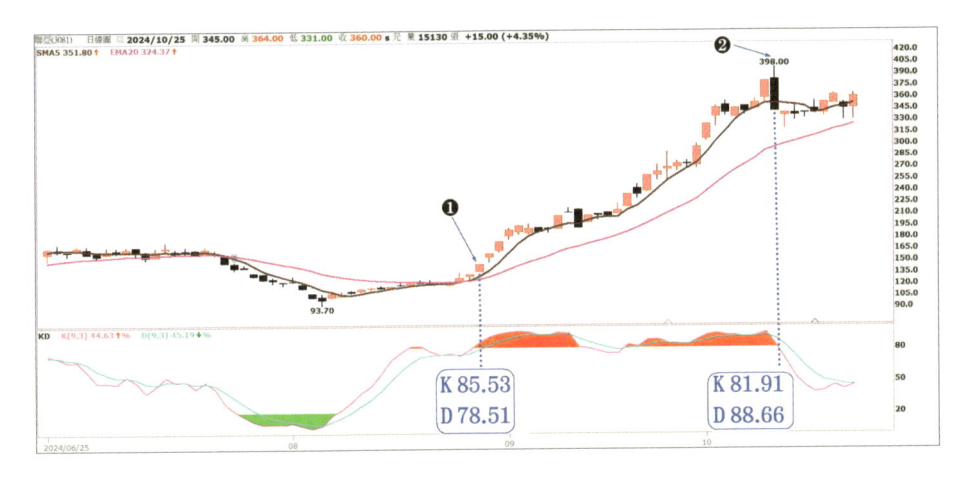

（資料來源：XQ全球贏家）

圖82-2　以「緯創」（3231）為例，説明KD的「指標背離」的現象。

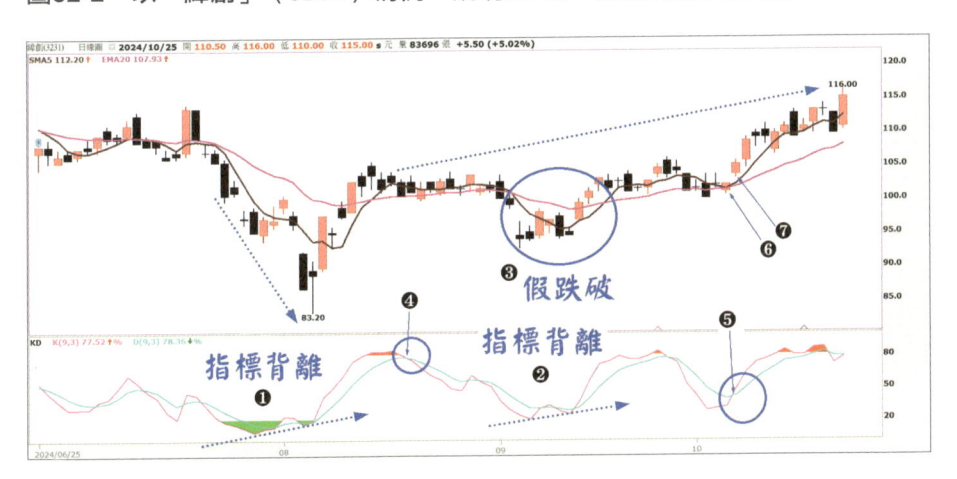

（資料來源：XQ全球贏家）

PART 6　技術指標淺釋與應用

83 平滑異同移動平均線（MACD）的觀察與判斷

「平滑異同移動平均線」（MACD）這個技術指標，是英文Moving Average Convergence & Divergence四個字的的譯名，由於太長且文縐縐的、不易懂，所以大家都乾脆只叫它MACD就行了。它是由兩條線（MACD和DIF）組成。在線圖中也有紅、綠兩種柱狀體，以0為多空的軸心。如果計算出來的數值（計算方式繁瑣，不必學，任何看盤軟體幾乎都有現成的數據）是正的，就畫在0軸之上，表示為上漲行情；如果是負的，就畫在0軸下，表示為下跌行情。

兩均線和MACD同時看，可以確認走勢

MACD紅柱做多、綠柱做空，似乎很容易理解，不過，為了求取更正確的進出場時間，不妨和均線5日與20日的黃金交叉或死亡交叉配合一起觀察。請看圖83-1的大盤日線圖，我們把MACD區分成8個區塊，然後看看這兩種技術指標是否同步。在這個圖中，股價和MACD指標同步的有❷、❹、❺、❻、❼、❽，只有❶、❸不同步。再看圖83-2，以「天揚」（5345）為例，❶和❸都同樣在盤整中，❷、❹、❺、❻股價就和MACD指標同步。

圖83-1　以「加權指數」（TSE）為例，觀察它的MACD是否與均線交叉情況同步。

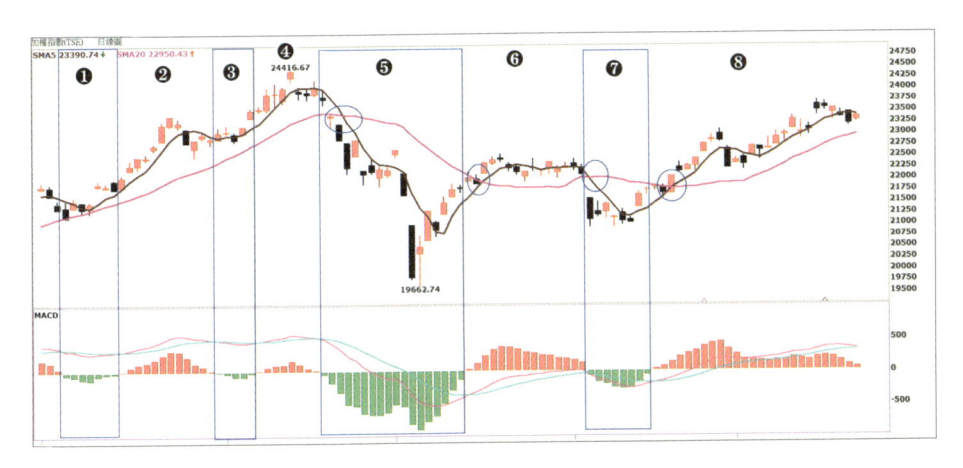

（資料來源：XQ全球贏家）

圖83-2　以「天揚」（5345）為例，觀察它的MACD是否與均線交叉情況同步。

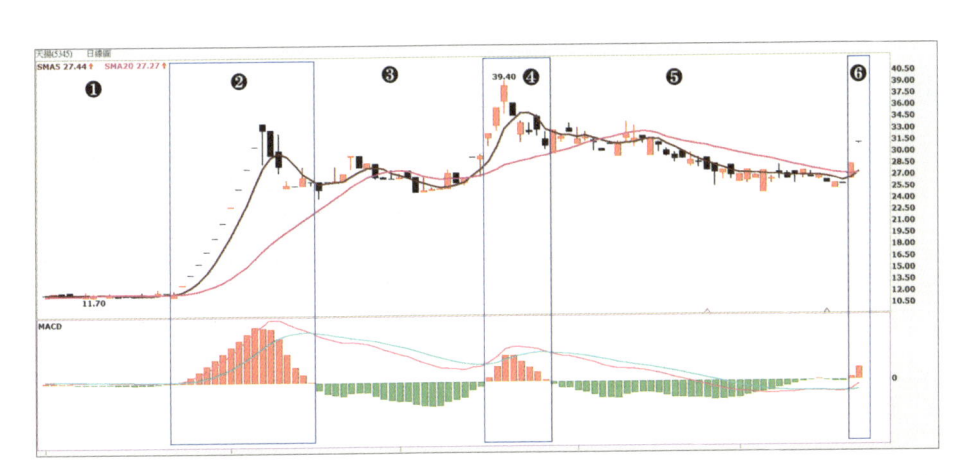

（資料來源：XQ全球贏家）

PART 6　技術指標淺釋與應用

84 相對強弱指標（RSI）的觀察與判斷

　　技術分析大師王爾德（J.Welles Wider）真的很厲害，連RSI（Relative Strength Index的簡寫，是「強弱指標」的意思）也是他發明的。這個指標和KD指標的功能有點像，有些人在設定時就把它略去。其實，它也有其特性——可以從股價某一區間內的強弱，來研判未來價格變動的趨向，就看您會不會運用。RSI的計算公式很複雜，新手直接從看盤軟體去解讀其走勢圖型的意義即可。RSI也有與股價背離的情況，以及它也有黃金交叉、死亡交叉等功能，判斷的方式可以仿照KD指標進行。

使用週線圖較好掌握，4和13週可為參數

　　使用RSI時的參數，大抵是使用6日和12日。不過，請看圖84-1，這是以「惠特」（6706）的「日線圖」為例，也一樣使用5日均線加20日均線的是否黃金交叉或死亡交叉來判讀，我們會發現RSI這時非常瑣碎，也較敏感而無法明確判斷，有點不如KD好用。但是，再看圖84-2，以同一檔股票「惠特」（6706）的「週線圖」，卻有不同的感覺。RSI比較不那麼敏感，也比較好掌握。這時的「週線圖」不妨改用SMA4和SMA13為參數，同時觀察其黃金交叉或死亡交叉，來找出做多或做空的買賣點。

圖84-1 以「惠特」（6706）日線圖為例，RSI非常瑣碎，也較敏感而無法明確判斷。

（資料來源：XQ全球贏家）

圖84-2 以「惠特」（6706）週線圖為例，RSI比較不那麼敏感，也比較好掌握。

（資料來源：XQ全球贏家）

85 「寶塔線」（Tower Line）的觀察與判斷

　　我們都知道，K線是由開盤價、收盤價、最高價、最低價等4個數據去畫出來的，而有一種技術指標卻很簡單，只根據「開盤價」、「收盤價」的兩項資料，就可以畫出。換句話說，它完全不把「成交量、值」考慮在內，結果形成的圖形很像「寶塔」因而稱為「寶塔線」。坊間有人製造成「紅買、綠賣」類似報明牌或懶人可以簡單依循操作的軟體，大概靈感來源就是「寶塔線」。筆者認為並不重視成交量值固然是它的缺點，不過，有時要運用「寶塔線」去抓「轉折點」時，卻很犀利準確。

盤整格局時，最好是抱股不動

　　請看圖85-1，這是以「聯昌」（2431）為例，在此圖中共有8個轉折點。這麼多的點位是「轉折點」，很容易混淆了操作股票者的判斷，尤其它是以三天為參數，在盤整的格局時，轉折太多，會干擾到準確度。我們再看圖85-2以「得利影」（6144）為例，在此圖中只有3個轉折點。在一大段上漲的行情中，出現了寶塔線的多空轉換，轉折❶就很明確。轉折❷之後，一直沒再出現「紅變綠」的變化，直到❸的出現，才終止了做多的趨勢，這樣的轉折點就很明確。盤整格局時，最好是抱住持股不動。

圖85-1 以「聯昌」（2431）為例，在此圖中共有8個轉折點。

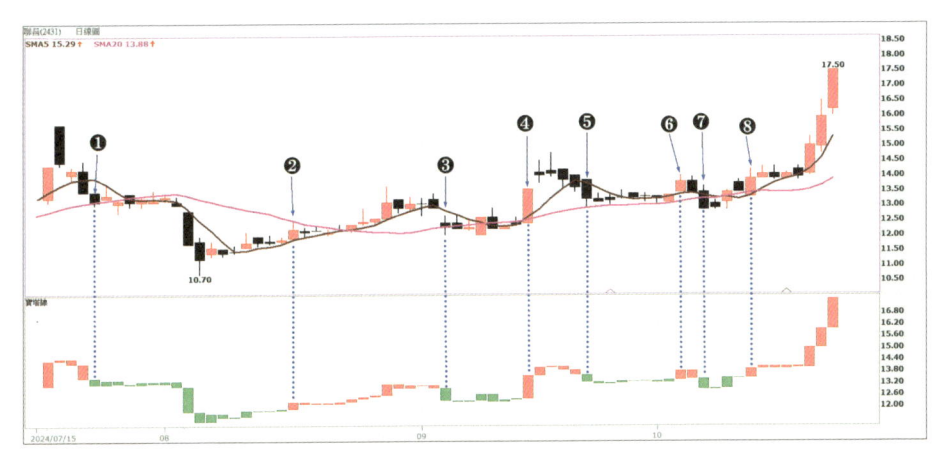

（資料來源：XQ全球贏家）

圖85-2 以「得利影」（6144）為例，在此圖中只有3個轉折點。

（資料來源：XQ全球贏家）

PART 6 技術指標淺釋與應用

86 心理線（PSY）的觀察與判斷

　　心理線的PSY是Psychological Line 的簡稱。這個英文字中的logic令我想起學生時代讀過的logic（當時課程名稱叫做「理則學」，也就是「邏輯學」的意思，可見得「心理線」，是多少蘊含了邏輯觀念的「心理點位」）。我們常說「話說天下大勢，分久必合，合久必分。」心理線就是運用這種「跌久必漲，漲久必跌。」的原理發明出來的。它最大的特色就是用「第二次出現」來確認可信度。

懂的人不多，心理線較少為散戶使用

　　請看圖86-1，這是以「加權指數」（TSE）為例，說明如何用心理線觀察大盤在大波段中轉折的方法。心理線❶❷在「超賣區」的低點出現，以第二次為準往上看，❸是買點。❹❺在「超買區」，就以第二次為準往上看，❻是賣點。❼❽在「超賣區」，就以第二次為準往上看，　是買點。

　　再看圖86-2 以「迅得」（6438）為例，說明使用心理線去判斷線型何時反轉的方法。在以❶為大波段起漲點的上升中，❷❸在「超買區」高點出現，就以第二次為準，❹是賣點。其後，果然下跌了。

　　技術指標都可能失準，心理線也不例外。其次，懂的人也不多，所以多半只有高手在使用。

圖86-1 以「加權指數」（TSE）為例，說明如何用心理線觀察大盤在大波段中轉折的方法。

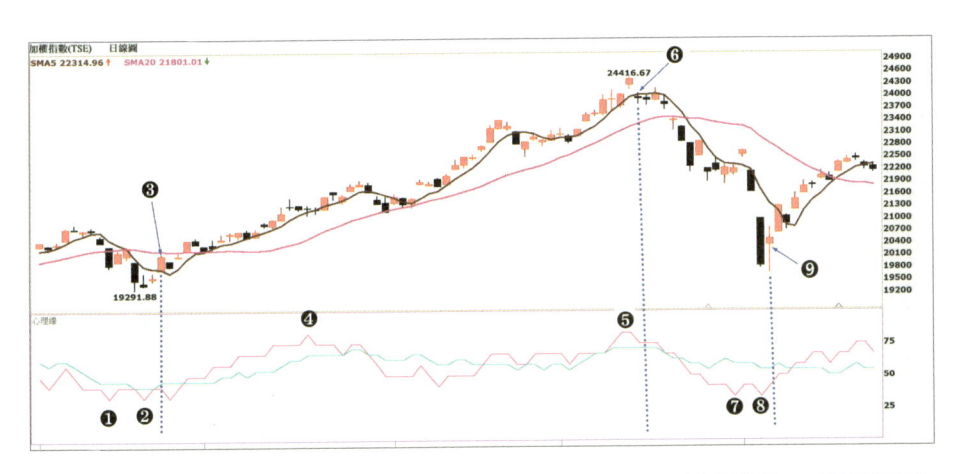

（資料來源：XQ全球贏家）

圖86-2 以「迅得」（6438）為例，說明使用心理線去判斷線型何時反轉的方法。

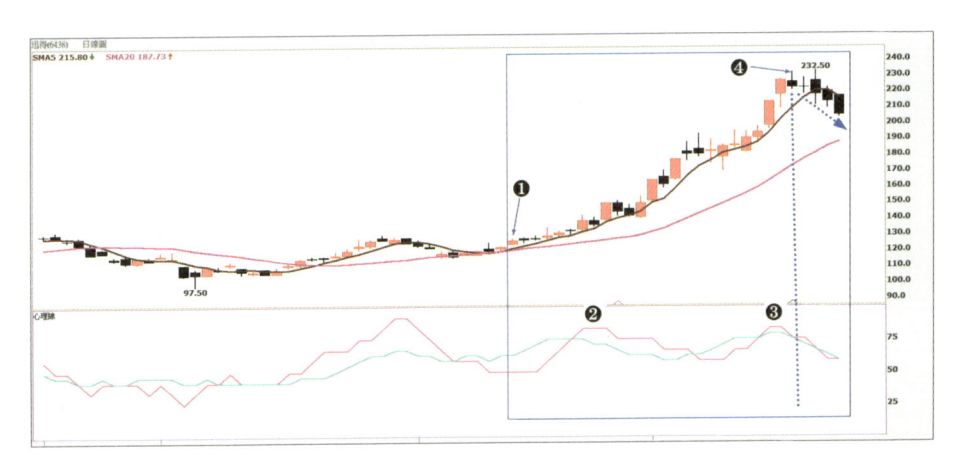

（資料來源：XQ全球贏家）

87 能量潮（OBV線）的觀察與判斷

OBV線，可以意譯為「能量潮」，因為它的「能量」指的就是「成交量」與「股價」的關係，所以就是代表一種「人氣」。股市的漲跌，是玩真的還是玩假的，從OBV的表現就可以看出來。

成交量（值）始終是走在股價的前面，有量才有價，有價才有人跟進，這就帶來了「人氣」。一旦股價下跌，人氣就散了，成交量（值）就慢慢地萎縮了。不過，OBV線比較適合研判短期的走勢，不太適合研判中長期走勢。一般OBV線只有一條，筆者把它設定為三條，比較好觀察。

OBV參數，高手可以自行設定

請看圖87-1，這是以「上證指數」（000001）為例，說明能量潮出現的時候，OBV指標會提醒注意。

圖中股價噴出，是因為中國政府推出多項拯救經濟的政策，使中國股市極速飆漲，創2008年11月以來最大單週漲幅。但長遠來看，中國政府的後續干預將是關鍵。台灣投資專家多不看好，所以後來走勢拉回後就趨緩了。當陸股大漲時，OBV指標就呈現「正相關」的提醒作用了。再看圖87-2 以「志聖」（2467）為例，筆者自創的人氣指標（三條線的OBV）可以告知短線的高點賣出時機。

圖87-1 以「上證指數」（000001）為例，說明能量潮出現的時候，OBV指標會提醒注意。

（資料來源：XQ全球贏家）

圖87-2 以「志聖」（2467）為例，人氣指標可以告知短線的高點賣出時機。

（資料來源：XQ全球贏家）

PART 6 技術指標淺釋與應用

88 趨向指標（DMI）的觀察與判斷

　　股市有個術語叫做「日出」，意思是：今天高點比昨天高點高，且今天低點比昨天低點高，這是暗示多頭攻擊；如果今天高點比昨天高點低，且今天低點比昨天的低點低，則暗示空頭攻擊，名為「日落」。這種概念在「趨向指標」（DMI）中，有特別的探討。這個技術指標，也是美國人威爾斯・威爾德（J.Welles Wilder）發明的！趨向指標有三條線：+DI、-DI和ADX。三條線都設定14天為參數。DMI的解讀方法很簡單，當+DI位於-DI上方，可判斷為上升趨勢；位於下方，則判斷為下降趨勢。

多空趨勢強弱，由ADX審判決定

　　請看圖88-1，這是以「加權指數」（TSE）為例，說明DMI的辨識方法。❶藍線（-DI）交叉紅線（+DI）而上，是偏空；紅線（+DI）交叉藍線（-DI）而上，則偏多。黃色的線為ADX。再請看圖88-2，這是以「華城」（1519）為例，❶是紅線（+DI）交叉藍線（-DI）而上，其後就是偏多的行情；❷是藍線（-DI）交叉紅線（+DI）而上，是偏空，其後就是偏空行情。而ADX的作用則是顯示「趨勢」的強弱。當價格上升或下跌趨勢的強度明顯增加，ADX就會跟著急劇上升。這是它的特性。

圖88-1 以「加權指數」（TSE）為例，說明DMI的辨識方法。

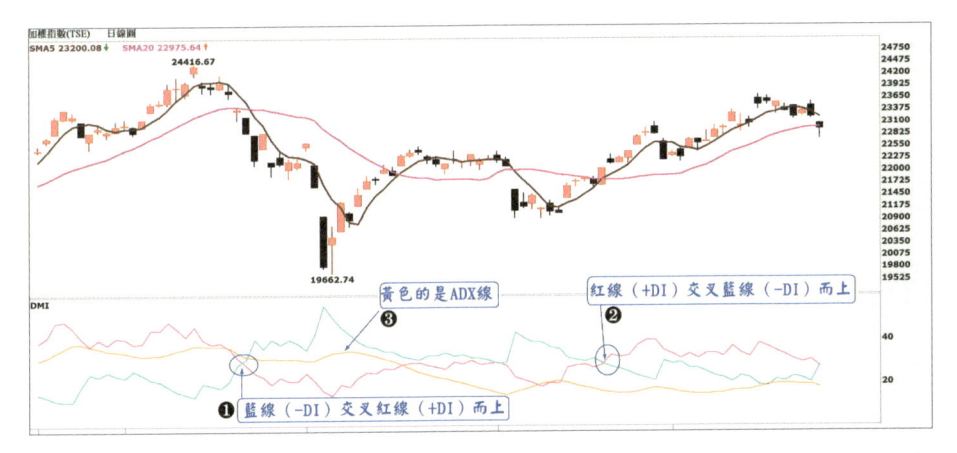

（資料來源：XQ全球贏家）

圖88-2 以「華城」（1519）為例，說明DMI的辨識方法。

（資料來源：XQ全球贏家）

PART 6 技術指標淺釋與應用

89 威廉指標（WMS%R）的觀察與判斷

威廉指標（WMS%R），也叫做「威廉超買超賣指標」，主要是用數值來評估是否已經超買或超賣。因為是Williams提出的，所以就叫做「威廉指標」。所謂威廉超買超賣指標（WMS%R），就是衡量當天收盤價與股市一定週期內最高價的差距。參數可用14、28、42作為單位，其計算公式如下：用週期內「最高價—當日收盤價」除以「週期內最高價—週期內最低價」，然後再乘以100，就是威廉指標的WMS%R值。這個數值最適合買進的是0、0、0（請見圖89-1「佳能」（2374）圖中的❶）。

威廉指標看數值，容易判斷多空行情

在圖89-1中的❷，它的14天WMS%R值已達- 98.89%，且14、28、42的威廉指標數值已成空頭排列，放空的勝率是很高的。再看圖89-2，這是以「宏達電」（2498）為例，說明威廉指標（WMS%R）買賣點的選擇。圖中的❶，也是最適合買進的數值0、0、0，不過，從這一天的籌碼看得出來，這樣的漲停板是虛的，因為是由「隔日沖大戶」買漲停的，次日❷就逢高出貨了，WMS%R數值也變空頭排列。到❸時，14、28、42數值全跌落於-50%之下，更是明顯走空了。

註解：隔日沖大戶是指今天買漲停、明天開高就獲利下車的大戶。他的資金龐大，絕對有能力拉抬股價到漲停，且常以鎖漲停來讓買不到的散戶在次日搶進，而他次日卻趁機逢高出貨了。

圖89-1 以「佳能」(2374)為例，說明威廉指標(WMS%R)買賣點的選擇。

（資料來源：XQ全球贏家）

圖89-2 以「宏達電」(2498)為例，說明威廉指標(WMS%R)買賣點的選擇。

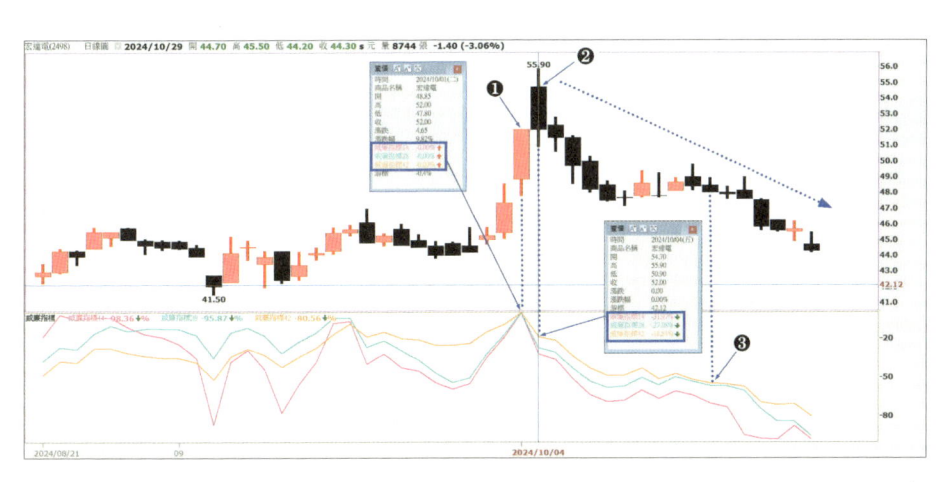

（資料來源：XQ全球贏家）

PART 6　技術指標淺釋與應用

90 停損點轉向操作系統（SAR）的觀察與判斷

　　SAR指標（Stop And Reverse），意思是「停損點轉向操作系統」，也就是用來判斷趨勢結束與反轉的指標，可以幫助我們設定停利與停損點。筆者還曾應一位有分析師執照的好友請求，教他如何看這個技術指標，以及如何應用。可見這個指標並未被普遍使用，算是進階的。由於它是在圖表上用一連串的「點」呈現，連起來有點像拋物線的形狀，所以又叫做「拋物線指標」。當SAR指標高於價格時，代表價格趨勢往下，未來下跌機率高；低於價格時，表示未來有機會再往上發展。

透過「點」的暗示，行情反轉提早知道

　　因SAR指標可作為「停止並反轉」的參考，所以可用來判斷目前是屬於多頭或是空頭行情。請看圖90-1，這是以「大億金茂」（8107）為例，說明停損點轉向操作系統（SAR）的應用。在這一頁日線圖裡，我們大約可以看出大行情是盤整的，而在大行情中也有次行情，例如❶❸❺都是向上的，❷❹則是向下的。再看圖90-2，這是以「加權指數」（TSE）為例，說明SAR指標的應用。圖中❶❸❺❼都是向下的，只有❷❹❻是向上的。多空何時「停止並反轉」？透過這個方法，確實容易進行。

圖90-1 以「大億金茂」（8107）為例，說明停損點轉向操作系統（SAR）的應用。

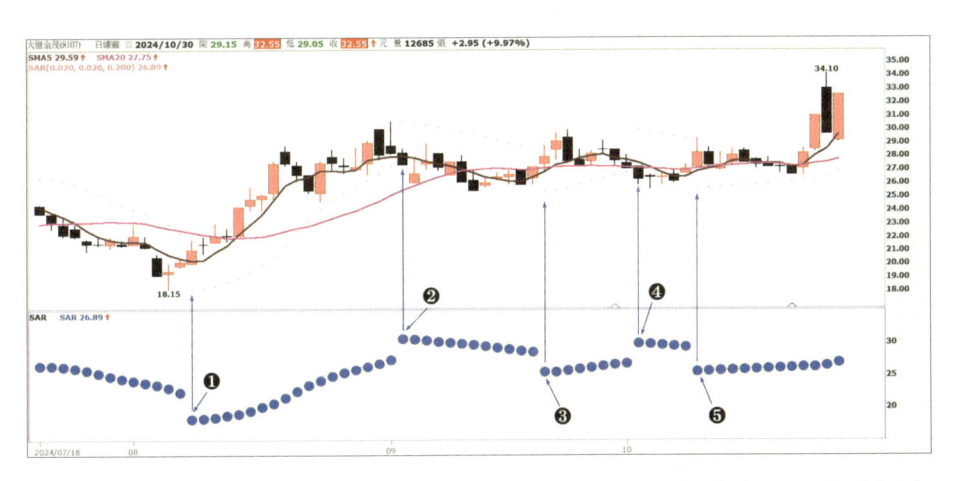

（資料來源：XQ全球贏家）

圖90-2 以「加權指數」（TSE）為例，說明停損點轉向操作系統（SAR）的應用。

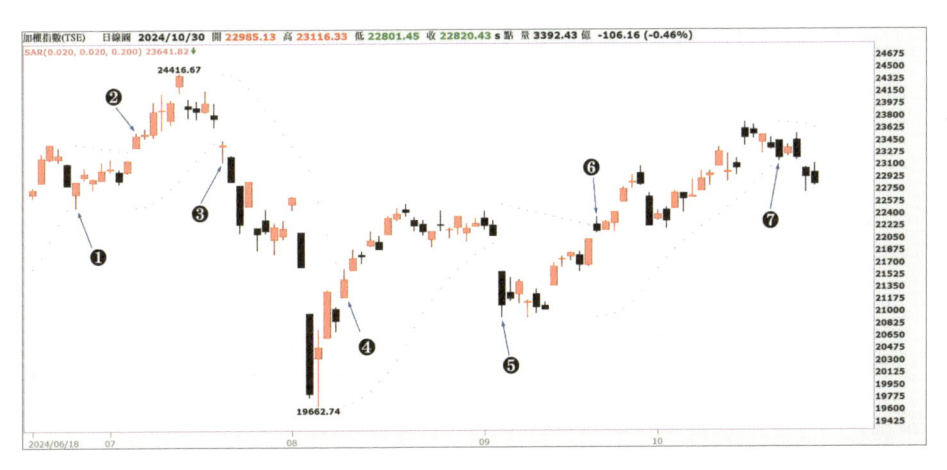

（資料來源：XQ全球贏家）

PART 6 技術指標淺釋與應用

91 短線操作機制（CDP）的觀察與判斷

　　CDP的短線操作法，是一種逆向操作法，如逆水行舟，在美國有很多股市老手愛用。可用於大盤指標，也可用於個股。當沖老手多半知道什麼叫做「CDP操作法」。因為這是一種非常適合「當日沖銷」的超短線操作法，源於美國流行的期貨交易超短線操作法，也有人把它譯為「逆勢操作系統」或「逆勢操作法」。CDP操作法最強調的是，指標或個股的開盤價特別重要。開平盤、開高盤或是開低盤，都會影響其當天行情的走勢。至於如何計算它的數值，詳細請看圖91-1的說明。

盤面畫分五區，觀察股價所站在的點位

　　這一套來自美國的「短線操作機制」（CDP）是用前一天的收盤價、最高價、最低價的資料，算出今日可能的開盤價與盤中走勢，畫分為五個區間，並根據今天實際的開盤價與盤中走勢來決定當沖的策略。CDP操作法，最適合上下震盪的盤局，高賣低買賺價差。大漲大跌的行情，尤其衝破阻力價和支撐位時，怕被軋空或橫壓，就要設停損點，以免受到突發性利多或利空的影響。此外，專業軟體也有直接用「點」位幫您算出數值了，可不必自行計算。請見圖91-2詳解。

圖91-1　自行計算CDP值的方法。

如何算出CDP值？先算出中間值：

$$\text{CDP中間值} = \frac{\text{前一天最高價} + \text{前一天最低價} - (\text{前一天收盤價} \times 2)}{4}$$

接著，再運用以下的公式，分別計算出該個股的最高值（AH）、近高值（NH）、近低值（NL）、最低值（AL）：

AH（最高值）＝中間值＋（前一天最高值－前一天最低值）
NH（近高值）＝2×中間值－前一天最低價
NL（近低值）＝2×中間值－前一天最高價
AL（最低值）＝中間值－（前一天最高價－前一天最低價）

（繪圖：方天龍）

圖91-2　專業軟體可以幫您計算出CDP的價位，並用「點」標示出來。

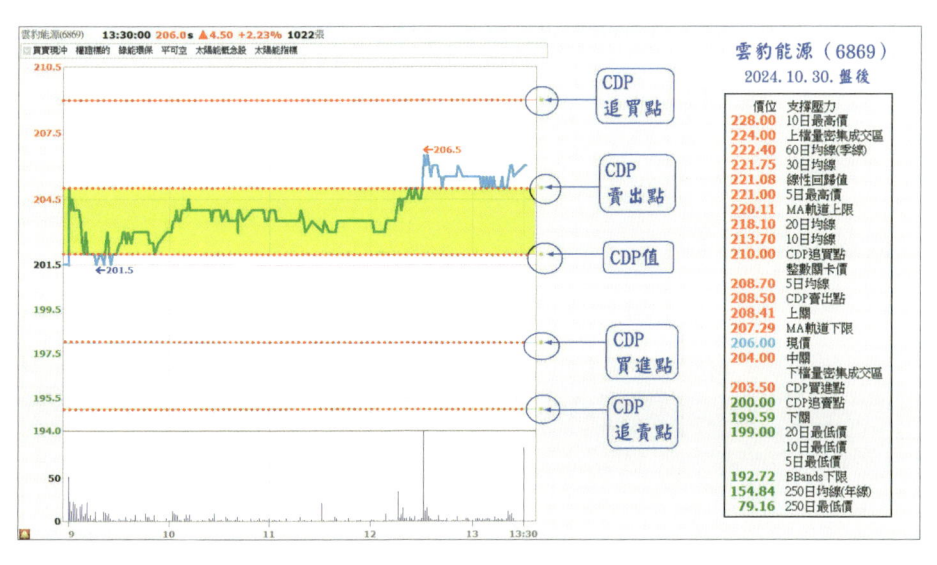

（資料來源：XQ全球贏家）

PART 6　技術指標淺釋與應用

92 乖離率（BIAS）的觀察與判斷

說到「乖離率」（BIAS），請翻到本書第79單元「葛蘭碧八大法則的觀察與判斷」，在圖79-1中，「葛蘭碧移動平均線八大法則」的八個買賣點詳解裡，有兩個位置是有「正乖離過大」的問題。其中之一，是在上升波中，因為飆漲過度，股價有拉回整理的必要，這時就要先行短賣，等拉回後再承接。其次，在下跌波中，也有一個點位，因負乖離過大，會有「跌深反彈」的可能，於是可以短買，等漲到均線附近再行賣出。這樣的極短線操作，就是「乖離率」所要研究的範圍。

過熱標準難定，用相對標準較妥當

Ｘ日乖離率超過多少算過熱？並無絕對「神準」的數據。筆者認為用該個股本身歷來的資料，作「相對標準」來判斷，才不會「凸槌」。請看圖92-1，這是以「牧東」（4950）為例，說明用乖離率判斷股價走勢的方法。❶就是乖離率相對過熱的位階，❷❸彎下來，就可以考慮賣出。跌到❹後，❺❻❼是一個假突破，股價繼續向下。再看圖92-2，以「信音」（6126）為例，筆者用指標背離現象判斷股價走勢的方法。❶是買點，❷是賣點。這是筆者的短線獨家訣竅，很少人這樣用。參考一下即可。

圖92-1 以「牧東」（4950）為例，說明用乖離率判斷股價走勢的方法。

（資料來源：XQ全球贏家）

圖92-2 以「信音」（6126）為例，說明用乖離率的背離現象判斷股價走勢的方法。

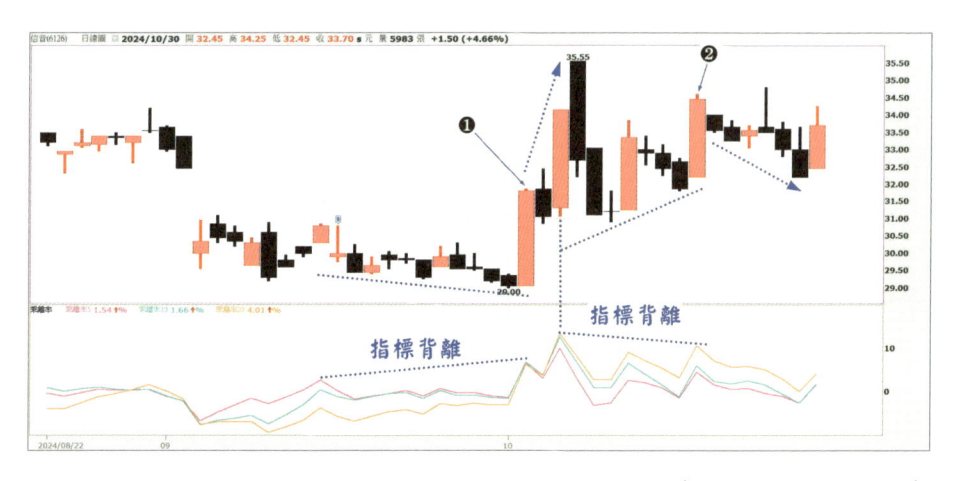

（資料來源：XQ全球贏家）

PART 6 技術指標淺釋與應用

台灣廣廈 國際出版集團
Taiwan Mansion International Group

國家圖書館出版品預行編目（CIP）資料

100張圖學會股市必備入門：說明基本理論、K線、值量、型態、技術指標，讓你不會成為大戶宰殺的對象 / 方天龍 著.
-- 初版. -- 新北市：財經傳訊, 2024.11
　面；　公分. --（through; 27）
ISBN 978-626-7197-76-9（平裝）
1.CST: 股票投資　2.CST: 投資技術　3.CST: 問題

312.83　　　　　　　　　　　　　　113014895

財經傳訊
TIME & MONEY

100張圖學會股市必備入門：
說明基本理論、K線、價量、型態、技術指標，讓你不會成為大戶宰殺的對象

作　　　者／方天龍　　　　　　編輯中心／第五編輯室
　　　　　　　　　　　　　　　編 輯 長／方宗廉
　　　　　　　　　　　　　　　封面設計／林珈仔
　　　　　　　　　　　　　　　製版‧印刷‧裝訂／東豪‧弼聖‧秉成

行企研發中心總監／陳冠蒨　　　線上學習中心總監／陳冠蒨
媒體公關組／陳柔彣　　　　　　數位營運組／顏佑婷
綜合業務組／何欣穎　　　　　　企製開發組／江季珊、張哲剛

發 行 人／江媛珍
法律顧問／第一國際法律事務所 余淑杏律師‧北辰著作權事務所 蕭雄淋律師
出　　版／台灣廣廈有聲圖書有限公司
　　　　　地址：新北市235中和區中山路二段359巷7號2樓
　　　　　電話：（886）2-2225-5777‧傳真：（886）2-2225-8052

代理印務‧全球總經銷／知遠文化事業有限公司
　　　　　地址：新北市222深坑區北深路三段155巷25號5樓
　　　　　電話：（886）2-2664-8800‧傳真：（886）2-2664-8801
郵政劃撥／劃撥帳號：18836722
　　　　　劃撥戶名：知遠文化事業有限公司（※單次購書金額未達1000元，請另付70元郵資。）

■出版日期：2024年11月
ISBN：978-626-7197-76-9　　　　版權所有，未經同意不得重製、轉載、翻印。